观察

周存军

图书在版编目（CIP）数据

校园观察 / 周存军著. -- 哈尔滨 : 哈尔滨出版社，2021.2

ISBN 978-7-5484-5880-7

Ⅰ. ①校… Ⅱ. ①周… Ⅲ. ①中小学教育—文集 Ⅳ. ①G63-53

中国版本图书馆CIP数据核字（2021）第022764号

书　　名：校园观察
XIAOYUAN GUANCHA

作　　者：周存军　著
责任编辑：韩金华
责任审校：李　战
封面设计：树上微出版

出版发行：哈尔滨出版社（Harbin Publishing House）
社　　址：哈尔滨市香坊区泰山路82-9号　　邮编：150090
经　　销：全国新华书店
印　　刷：崇阳文昌印务股份有限公司
网　　址：www.hrbcbs.com　　www.mifengniao.com
E-mail：hrbcbs@yeah.net
编辑版权热线：（0451）87900271　87900272
销售热线：（0451）87900202　87900203

开　　本：880mm×1230mm　1/32　印张：8.25　字数：158千字
版　　次：2021年2月第1版
印　　次：2021年2月第1次印刷
书　　号：ISBN 978-7-5484-5880-7
定　　价：68.00元

我的时间去哪了

每一个工作日，我们都感觉处于忙忙碌碌的状态；逢到休息日，我们感觉，必须要做一点儿休闲活动，否则好像对不起自己似的。我们到底整天在忙些什么？我的时间去哪儿了？如果一个教师每天上两节课，批改两节课的作业，再进行两节课左右的备课，大约只剩下两节课左右的时间去处理其他的事情。我们可能还需要和同事进行一些简单的交流，还可能要参加某些会议，班主任还需要去处理某些班级事务。如果教师是这样的工作状态，我们还有多少时间去思考我们应该思考的问题。宋朝诗人苏轼说："不识庐山真面目，只缘身在此山中。"我们需要有时间去思考教育是什么，教师是什么，教学是什么，以及和教育相关的更多话题。如果有思考，为什么我们思考不深入、不全面、不透彻？

在工作时间，我们更多地在处理与学生有关的事务，要备课、上课、批改作业，以及参加各种提升教学能力的培训、研修，等等。我们大多数时候忙于备课、上课、批改作业，但是当备课与批改作业时间冲突的时候，你会怎样选择？这个时间是用来批改作业，还是用来备课呢？你会怎样权衡？没有批改作业是显性的，学生、家长甚至学校领导很快就知道你的某次作业没有批改。但是如果你觉得认真备课对学生的益处更大，你也许会选择这个时候去认真备课。虽然没有认真去备课，学生基本不会看穿，家长也应该不会知道。但是我们作为教师，我们需要想明白这类事。

一个教师，应该是一个动脑筋思考问题的人。我们经常教育学生要有辩证思维、系统思维、质疑思维、逆向思维、联想思维、创新思维、逻辑思维等，但是作为教师，我们具有这些思维吗？我们经常说学生不肯动脑筋思考问题，研究问题不深入、不全面。作为教师，我们肯动脑筋思考吗？我们研究问题深入、全面吗？学生存在思维上的问题，是不是与我们教师的思维有关系呢？作为教师，我们一般会思考哪些问题？大多数都是与学生有关的问题。我们也没有进一步去想想，学生的个性特点和学习品质、同事之间的关系问题、教师和领导的关系、学校的规章制度问题。

信息社会带来信息的泛滥。每天我们是不是花较多的时间，在接受社会信息，关注世界发生了哪些事情，有哪些社会新闻，等等，但说到底，这些和我们的工作和生活到底有多大的关系？我们有时连自己内心都没有弄清楚，反而花气力去了解世界、查找事件背后的真相。对任何一种社会现象，我们都会有自己的见解，新闻或文章作者的陈述或判断，我们是接受与认可，或者拒绝与否定。刘禹锡在《秋词》中说：“自古逢秋悲寂寥，我言秋日胜春朝。晴空一鹤排云上，便引诗情到碧霄。”对同一事物，人们的反映有差别，我们在阅读社会新闻的时候，新闻本身也许并不吸引我们，内容也不是与我们的职业密切相关的。文章背后的评论，也许比文章本身更值得研究和思考，是最精彩的部分。为什么更多的网友会给出不同角度的评价，不管你认同不认同，他们新奇的思路，创造性的角度，也许是我们在工作中需要借鉴的地方。

我们身在凡世中，但是我们一定要有脱离俗世的一方天地，要有自己的时间和空间去认真思考我们周边的事，弄明白我们做事的价值。我们应该更多思考到底要做哪些事，哪些事是值得我们思考的，不要把自己活成别人的影子。“问渠哪得清如许，为有源头活水来。”我们需要通过广泛的阅读，博采众家之长，开阔自己的思维视角，从多角度对事件进行判断、预测事件走向并验证自己的看法。正所谓“小隐隐于野、中隐隐于市、大隐隐于朝”。不管我们自认为是小隐、中隐还是大隐，做隐者的前提是做一个明白人。

英国作家约瑟夫·鲁德亚德·吉卜林在《如果》中写道：如果所有人都失去理智，咒骂你，你仍能保持头脑清醒；如果所有人都怀疑你，你仍能坚信自己，让所有的怀疑动摇；如果你要等待，不要因此厌烦，为人所骗，不要因此骗人，为人所恨，不要因此抱恨；不要太乐观，不要自以为是；如果你是个追梦人——不要被梦主宰；如果你是个爱思考的人——光想不会达到目标；如果你遇到骄傲和挫折，把两者当骗子看待；如果你能忍受，你曾讲过的事实，被恶棍扭曲，用于蒙骗傻子；看着你用毕生去看护的东西被破坏，然后俯身，用破烂的工具把它修补；如果在你赢得无数桂冠之后，突遇巅峰下跌之险，失败过后，东山再起，不要抱怨你的失败；如果你能迫使自己，在别人走后，长久坚守阵地，在你心中已空荡荡无一物，只有意志告诉你要坚持！如果你与人交谈，能保持风度，伴王行走，能保持距离；如果仇敌和好友都不害你；如果所有人都指望你，却无人全心全意；如果你花六十秒进行短程跑，填满那不可饶恕的一分钟——你就可以拥有一个世界。在这里，用这样的诗来表达一个积极向上的人，会拥有一个属于自己的世界，与读者共勉。

由于本人才疏学浅，文采有限，有些文章读起来相对困难。本书主要是基于笔者多年的教育实践与思考。每个人站在不同角度，对事物的看法、观点可能是相近的，也可能是相反的。本书的某些观点，读者可能并不赞同，但是本书只是想引发读者对教育更多的思考。请读者理解作者的某些教育理念，包容其中可能存在的谬误，包涵一些不同观点、态度，宽容一些不成熟的看法。

目 录
CONTENTS

第一章　教育理念

第二章　教育管理

第三章　课堂教学

第四章　学校与社会

第一章

教育理念

要努力奔向那些光芒之中，光芒的尽头有你在。

——新海诚《天气之子》

做个明白的教师

从工作开始，努力想端稳饭碗，到如今已经 20 多年，我经常想为什么要端这个饭碗？怎样端好这个饭碗？这个饭碗的价值怎么体现？我是优秀的教师，还是平庸的教师？如果从事其他行业，现在的我会是怎样的？端怎样的饭碗，是饭碗决定的，还是人决定的？我们教学生很多学科知识，还教了学生很多做人的道理，社会教给我们什么？每个教师在不断成长过程中，至少要想清楚，做一个明白的教师。

教师的社会地位

“天地君亲师”思想发端于春秋末年左丘明的《国语》，战国末年的《荀子》中讲到“天”和“地”，东汉时期《太平经》中出现了形式整齐的“天地君父师”的说法。北宋初期，“天地君亲师”的表达方式已经正式出现，明朝后期在民间广为流行。清朝雍正皇帝确定“天地君亲师”的次序，并对其意义进行了诠释，特别突出了“师”的地位和作用。

虽然一直以来都有“天地君亲师”之说，好像教师地位很高的样子。但其实，在古代，教师都是私塾先生，受雇于有钱人家，教有钱人家的孩子读书。而这些私塾先生，大多是不及第的秀才。及第的考上举人进士的，家中可以不用交税，可参与选官，不会轻易去教书的。宋朝秦桧做私塾教师时，作诗云“若得水田三百亩，这番不做猴孙王”。相较于秦桧的大胃口，古代还有“家有三斗粮，不当孩子王”这句话。在元代，统治者把人分成十个等级，一官、二吏、三僧、四道、五医、六工、七猎、八娼、九儒、十丐，教师排在娼妓的后面，只比乞丐高一个等级，可见当时教师地位是何等低下。新中国成立以后，教师地位一度得到很大的提高，知识分子受到空前的尊重。虽然有段时间教师地位下降，但改革开放后，国家重新确立了尊重知识分子的政策，提出“科教兴国”的伟大口号，特别在1985年，设立了教师节，号召全社会都尊重教师、尊重知识、尊重人才，教师的社会地位有所提高。在新时期，国家特别重视教育，全社会形成了尊师重教的氛围。

网络时代，当教育或教师出现某一具体问题的时候，某些自媒体文章或者评论把整个教育行业都作为攻击对象。如果你是教师，可能就会感觉教师的社会地位不高。但目前网络攻击的对象常常是公务员、医生、教师等，而这些受攻击的对象，都是目前社会地位相对比较高的。虚拟的网络世界之外，大多数人对教师的社会地位还是认可的，网络世界有时候变成了某些人发泄情绪的场所，“不然之物，十人云疑，百人然乎，千人不可解也。”社会现实与虚拟网络中存在着极化效应和群体效应。行业的社会地位和个体的社会地位，有时是不一样的，教师做好自己，个体才能真正赢得社会认可；教师这个群体的大多数人都做好了自己，教育行业从业人员必然会取得较高的社会地位。

怎样看待自己的收入

2018 年 8 月，教育部公布教师收入状况，2017 年比 2012 年工资增长 74%，其中公办中小学在岗员工平均工资约 8.2 万元，这里不单指教师，也指其他岗位职工，并且是税前工资，包括单位代扣的住房公积金、社会保险等部分，教师工资略高于公务员工资。2019 年 9 月，教育部举行新闻发布会，介绍教师队伍建设进展，我国教师工资由 20 世纪 80 年代之前在国民经济各行业排行倒数三位，上升到目前全国 19 大行业排名第 7 位。以上的两次发布，在一些地区教师中引起了反弹。我国东西部发展不平衡，地区经济水平差异巨大，沿海城市与偏远地区的乡村学校差异就更大了，东部沿海及发达一二线城市整体工资较高。2017 年南方都市报记者在调查某地时了解到，由于工作时间、职级等不同，公办教师待遇从七八千元到一万五千元不等，一些刚入职的公务员，基本工资也七八千元。用全国的平均数来比较教师的年工资，只有参考价值，没有实际意义。平均数的奥秘在于可能一半以上的人达不到这个数值，超过平均数的人一般都不会发声，所以留言发声的，会是一边倒的、没有超过平均数的人群。教师基本工资构成中住房补贴、地区生活补贴等是形成各地区工资差异的最主要原因。工资中的岗位工资、薪级工资、岗位津贴、教龄津贴等和教师的工作年限、职称级别相关。《中华人民共和国教师法》规定，教师的工资不低于当地公务员工资，对“当地”的理解是，发工资的财政局是县级还是市级。我国除了分地区之外，还有很多行业、企业是垂直管理，不纳入地方财政，也不计入当地公务员工资，如果把教师的收入和他们相比，没有法律依据。中国幅员辽阔，不同地区经济发展差异巨大，生活物价高的沿海地区与内陆地区也没有可比性。教师平均工资不低于本市或本县公务员的平均工资，这是教师法对教师权益的保障。

同时，我们也看到一些教师，基于对目前职称评定制度的不满，在自媒体发布了一些呼吁废除职称评定体系的言论。其背后是职称评定后，对高级教师、一级教师、二级教师之间收入差异的不满。如今的高级教师基本上当年高考是千军万马过独木桥过来的。1977 年高考录取率 5%，1981 年高考录取率 11%，1991 年高考录取率 21%，上述录取率还包含高中中专、大专，本科生的录取率要低得多，真正的本科招生人数约占当年升学人数的 40% 左右。2001 年全国高考录取率 59%（含大专、本科，下同），2019 年全国高考录取率为 79.53%。高等教育已逐渐从精英教育转变成大众教育，这些当年的精英，在教育行业默默奉献了二三十年，他们的收入待遇与他们的贡献，应该是相称的。现行职称评定体系，有它的不足，如重视荣誉、论文、课题等，但如果通过学生成绩来评定教师，势必造成更大的问题。单纯以工作年限来评定，也会存在很大问题。现在青年教师职称评定最主要的问题有，高级教师岗位等高一级岗位，以岗定编，有缺岗才有机会参加职称评定，造成了教师职称晋升的渠道不畅通；缺少与《公务员职务与职级并行规定》类似的鼓励教师发展的法规。

怎样看待自己的贡献

十多年前，一本关于怎样造就英才的书，塑造了 W 老师作为中国教育界领军人物、全国名牌教师的光辉形象。某年他所带的一个班，七成进了清华北大，二成进了英美名校。时间流逝，人们从盲目崇拜到独立思考，对“战神”的印象逐渐淡化，但可以通过对这种现象的分析，对自己的教学贡献进行思考。

优秀的学生不是教出来的。中国某大学附属中学在北京市中学排名中常年排名第一，换句话说，这里就是学霸集中地。近年来，该校每年考入清华北大的总人数都维持在 100

人以上。是W老师成就了某大附中，还是某大附中成就了W老师？北京市是我国的首都，高等教育资源十分丰富。北大、清华每年在北京投放的招生计划数很多，其中2016年北京考生总数6.12万，北大招生人数为330人，清华招生人数296人，北大清华两校加起来在北京的录取率已经接近了1%，也就意味着100个北京考生里面差不多就有1个人能进入清华北大。北大清华在有些省份的录取率为千分之一，甚至在有些省份低至万分之四左右。作为教育专家，如果取得的成功和经验能够在别的地方复制，更能显示出教育专家的水准，可是这以后，没有看到复制的版本。有些时候，成功和地域、年代有很大的关系。2019年，河北省人大代表团提交“关于加快促进京津冀高等教育协调发展的建议”，教育部答复称，代表们提到的统一高考、统一命题、统一分数、统一招生建议，考虑到京津冀三地基础教育发展水平不同、高考综合改革方案不同以及现阶段我国实行分省录取制度等因素，目前还不宜实行。同样地，作为老师往往在自我评价时，用学生取得的成绩来代替自己的贡献，优秀学生是培养出来的吗？教师自己觉得，对一些优秀学生提供指导和帮助了，但优秀的学生认可吗？如果用优秀学生来表示自己的贡献，那么学业成绩不佳、品行恶劣的学生存在，是不是也要归结于我们呢？教师不能仅仅想着往自己脸上贴金，可能在贴金的同时，也要思考别往自己身上泼脏水。

要有积极的工作态度，增强自己的硬实力。教师教学质量高与学生个体学业优秀，是不充分、不必要关系。学生整体学业水平高，是否就说明教师教学水平高？影响学生整体学业水平的因素很多，有学校层次（生源质量）、班级风气、教师教学质量、教师敬业程度、学生的认可度、课时等。还有，甲乙两个平行班，某学科甲班级均分超过乙班级 3 分，是不是说明甲班级该学科教师水平高？排除班级风气等因素的影响，仅从成绩角度，也有可能存在乙班级高分人数、低分人数都超过甲班级的现象。所以“分分分”教师的命根是假命题。在更多的地方，只要教师的态度认真、敬业，平行班平均分差距不大，一般领导也不会过多过问。教师的能力应该体现在以下三个方面：

能够教不同类型的学生，能够做到因材施教，这一点对年轻教师尤为重要。目前在不同层次的学校，教师流动的情况并不多。对刚入职不久的年轻教师来说，如果教学方法仅适合自己所教的学生，对高一层次或低一层次的学生，不做教学方法与内容探讨研究，10 年以后该教师的水平就与该校高三、初三学生差不多了。

能够在较高级别学科学术活动中有一定的发言权、话语权。话语权不等于头衔，要言之有物，言之有理。这有赖于教师平时对教育、教学深入的思考和研究，也需要我们平时增加阅读量。

能够有较高的管理艺术和水平。不管是不是担任班主任，在课堂教学中也要进行教学管理。学生的关注程度和投入程度是影响教学质量的重要因素，同时良好师生关系有助于将教学投入转化为教学成效。

关注自己和家庭

如果一位教师从23周岁左右参加工作，到60周岁退休，终身从事教育工作。他的工作年限将近40年。在这40年中，他收获了什么？他付出了什么？教育是一个行业，我们既要秉持着“鞠躬尽瘁，死而后已”的精神，又要有“燃烧自己，照亮别人”的勇气和气概。《论语・为政》记载，子曰：“吾十有五而志于学，三十而立，四十而不惑，五十而知天命，六十而耳顺，七十而从心所欲，不逾矩。”现代人比古代人的寿命长很多，现代的教师一般在50岁之前，能够建立自己的学术成就，到60岁退休时不再感到困惑。教师在从事教育工作的过程中，也应该对自己的生活，对自己的家庭有所思考。

一是关注自己的身体健康状况。俗话说身体是革命的本钱，我们在一些报道中经常看到某些人带病参加工作，甚至某些人英年早逝。除了某些特殊行业之外，教育行业并不是特别需要这样的英雄模范。我们需要学习他们的敬业精神、爱国精神，同时也应该注意保持自己的身体健康。如果因为日常并不重要的事项而耽误自己的身体健康，造成身体的残疾或疾病缠身，将是终身的遗憾，也会对以后的工作造成影响。关注自己的身体健康，并不是一种消极怠工的心态，而是一种积极向上的工作态度和负责任的精神。许多学校操场上有标语“每天锻炼一小时，健康工作五十年”。虽然我们大多数人做不到健康工作 50 年，但是我们可以努力去争取退休后健康生活 30 年。带病参加工作，若不及时治疗而耽误工作，实际也是得不偿失的。现代人倾向于既要努力工作，也不要牺牲个人的健康。教育作为一种普通职业，哪个人都不是不可替代的，没有什么事情比个人生命、健康重要。某些教师因为牺牲个人健康才获得了某项先进荣誉，我们应该感到遗憾。同时应该为自己既能敬业奉献，又能保持身体健康而感到高兴。教育工作更多的是拼智慧，而不是拼体力，既能足智多谋，又能身体健康，这是学校的幸事，也是学生的幸事。我们不需要诸葛亮那种“鞠躬尽瘁，死而后已”的做法。我们需要的是保持身体健康的条件下，把教育当作自己的事业而不断奋斗。

二是逐渐养成辩证看待事物的心态。一些人成就事业靠的是智商，另一些人成就事业靠的是情商，大多数人既要靠智商又要靠情商。智商和遗传有很大的关系，大多数时候，教师对于学生的成长所起作用并不如想象的那么大，是影响而不是决定。作为从事教育工作的人员，不仅关注学生“道德品质”“公民素养”“学习能力”等综合素质，发挥学生的人生导师作用，还要反思我们的情商如何？情商不仅反映在交流合作中，也会表现在我们对待事物的心态，如何辩证地去观察和分析人和事物上。如处于事业的成长期，学校领导漠视你的发展，没有提供适当的帮助，这种情况应该辩证地去看，许多教师的荣誉不仅是属于个人的，同时也是属于学校的，领导不重视你的发展，可能是他们不够重视教师专业发展，领导自有他的责任，他不需要对个体负责，但他需要对学校的近期发展、长远发展负责。你可以采取一些措施，如离开这所学校，另谋高就；或者采取另一种措施——忍让，每位领导都是有任期的，躲不过，但可以忍得过。教师要有较高的情商，较高的情商也表现在与各种职业、各种职务的人打交道上。教师要有辩证的思维，冷静分析自己的处境或困境，不冲动、不偏激、不偏颇，冷静处理遇到的困境。认真研读哲学史，有助于学会冷静地分析问题。我们不能要求领导单独为我们做什么，但是我们要明白，领导所做的一切是因为什么，基于什么出发点，要把事情看透。小隐隐于野、中隐隐于市、大隐隐于朝，作为教师，我们不能隐于野、隐于朝，但我们可以隐于市。

三是培养一种兴趣爱好。教育是一个重要行业，在工作中我们要全力以赴。在生活中我们需要培养一种或多种兴趣爱好，要有生活情趣，不能以工作代替我们的全部生活。每一个生命不一定都有它的社会价值，但它一定有它自身的存在意义。培养兴趣爱好和生活情趣，不仅可以去除我们工作中的一些烦恼，减轻压力，而且也是为我们将来的退休生活做出某些铺垫。我们为学生、学校考虑的同时，也要为自己、为家人充分考虑。

四是不要忘记对家庭的责任。每一位教师都有父母，绝大多数教师都会结婚生子而为父或为母。大多数中小学教师，工作时间长，对家庭照顾不周，这其中班主任尤甚。在教育行业之外的人看来，教师是从事教育工作，教师子女的成才应该不存在问题，但某报曾经就教师子女成才进行专版讨论，情况并不乐观。教师作为家庭的成员，在家庭中履行为子为女、为夫为妇、为父为母的责任义不容辞。教师作为社会的公民，更应该模范地承担起在家庭中的责任。

和家长保持合适的距离

据报载，2019 年 8 月，一位家长向教育局投诉。这位家长表示，孩子同班同学的父母是教师，他们在暑假期间给自己的孩子补课。这位家长觉得自己孩子本来就比别人差，现在这位教师的小孩又有暑假的补课，这对他的孩子不公平。因此，希望上级部门能够给予严惩，或者是让这位教师无偿给他的孩子补课。对此，当地教育局予以明确拒绝。

相对于社会来说，学校是一个相对简单、纯洁的小社会，学校教师的年龄跨度很大，从 20 多岁刚工作的年轻人到接近退休的老教师。但是他们都共同面对的是青少年学生，虽然青少年学生会有犯一些错误，但相对于社会来说，大部分错误都是属于鸡毛蒜皮之类的。处理学生的问题时，教师养成了从青年人的角度思考问题的习惯。因此，每位教师的心态是年轻的。离开校园进入社会，教师群体是最单纯的那一类人。学生在校学习期间，教师与家长应该保持一定的联系，交流学生的学习、生活、思想等情况。极个别教师热衷于有偿家教，实际是在悬崖上走钢丝，如果碰到以上那位家长，估计饭碗也会不保。和以上那位家长类似的情况还有很多，一开始恳求教师给自己的小孩补课，但因为各种原因，一段时间后，小孩成绩没有起色，家长觉得花了冤枉钱，转身向教育局进行举报。《庄子》云“君子之交淡如水，小人之交甘如醴”，与家长保持君子之交，是对自己的最好保护，也是维护教师形象的重要保障。

尘雾之微，补益山海。萤烛末光，增辉日月。

——曹植《求自试表》

关注部分教师群体的焦虑

江苏省 2008 年高考招生实施“3+1+1”方案，其中 3 为语数外，1 为物理或历史，1（选修）为化学、生物、政治或地理，此方案扭转了此前物理参加考试人数下降的局面，同时带来了原来作为文科主要选修的政治，理科主要选修的化学学科，选修的学生人数急剧下降，加上高考招生中不算分数，只计等级，带来学生的不重视。2008 年到 2020 年，方案实施 13 年来，选修科目高考试题的难度比以前有了明显下降，选修科目考试已经变为了“比差”比赛。2017 年选修化学人数已经不足实施方案前的 2007 年的三分之一。江苏省高中政治、化学教师经过十年的煎熬，迎来了 2019 年推出的高考“3+1+2”方案。对江苏省来说，物理或历史学科从只计等级不计分到计分，学生的重视程度会变大。理论上高考多考一门，政治、化学、生物、地理学科的参考人数会增加，而政治、化学学科仍存在先计等级再计分的情况，经过江苏省 2008 版高考方案的洗礼及浙沪高考方案的趋利避害倾向的传播，政治、化学、生物、地理等学科存在不同参考对象的竞争，政治与化学学科考试人数有可能进一步下滑，陷入谷底。以化学学科为例，从 1993 年到 2018 年，高中化学教师从担任高中主要学科教学到学科地位的一步步下降，高中化学教师普遍处于焦虑状态，教师的工作热情下降、情绪不稳定等影响了教师的身心健康，也会间接影响施教对象，不利于学生的全面成长。

焦虑的升级

进入 2019 年 4 月份，在江苏省高中化学教师集中的几个社交媒体中，对新高考制度的期待与讨论逐渐增加，在 4 月 23 日左右达到高峰，在 4 月 23 日就达到近千条，24 日达到两千条以上，从众多言语中表现出强烈的焦虑倾向，主要有以下几点：

化学学科地位持续下降。1993 年到 2007 年，江苏省实施高考“3+2”到“3+1+1”，化学一直作为主干学科。选修化学的学生曾占半壁江山以上，而如今沦落到九科倒数第二的地位（占比不到十分之一），一些高中化学教师感触颇多。对 2019 版高考方案的担忧，表露出广大高中化学教师的心态。

对专业前景信心减弱。江苏省从 2008 版高考方案实施开始，选修化学的考生人数逐步减少。近十年，江苏省师范院校的化学教育专业毕业生从事教师行业的人数越来越少，超过半数高中学校近十年未招或只招 1-2 位新化学教师，造成大量师范生转行或考研究生进行延缓就业，也暴露出一些深层次的问题。

部分学校动员学生不选化学，以获取眼前的分数或等级。社交媒体中化学教师言辞虽然激烈，但是也反映了江苏省高中化学教师的理智。在一些三星级高中及以下学校鼓励学生不选修化学，部分四星级高中也动员学生不选修化学。某些高中学校出于升学率等多方面的考虑，选科方案甚至直接排除化学学科。剩下为数不多的高水平四星级的高中学校，为数不多的优秀的化学考生要在等级考试中取得较好成绩，不是容易的事。2019 方案仍存在与其当凤尾，不如另起炉灶，改当鸡头，改选生物、地理等其他学科的现象。

一些化学教师工作开始不那么努力了。既然面对绝大多数学生不选修化学参加高考的状况，课堂教学也不必像以前那么认真，得过且过，化学学业水平考试还是容易通过的。教学工作不需像以前那样认真了，不需“战战兢兢，如履薄冰，如临深渊”，只需按照学业水平考试的基本要求完成即可。造成了一些教师上课不认真备课，不从学生角度出发来精细地设计教学，出现不求上进的现象。2019 版高考制度对化学教师的专业成长可能进一步造成了不利的影响。

压力的类型

马斯洛在《人类激励理论》中提出人类需求像阶梯一样从低到高按层次分为五种，分别是：生理需求、安全需求、社交需求、尊重需求和自我实现需求。按照江苏省 2003-2007 年的高考方案，绝大多数化学教师的需求属于尊重需求和自我实现需求，通过彰显学科地位，经过自身努力，达到自我实现的层次。进入 2008 版江苏高考方案实施的年代，化学教师的需求已经降至安全需求，2019 版江苏高考方案的实施，使他们可能连安全需求也难保了。一些年轻教师感觉到教师岗位的岌岌可危，甚至考虑改行、跳槽。

一是生存的压力。2019 版江苏高考方案的实施，将带来高中化学教师的失业或转行，特别是年轻教师的失业或转行，在一些年轻化学教师中，这种言论非常盛行。大部分化学教师认为 2019 版江苏高考方案的实施会对年轻化学教师造成生存的压力。根据近 5 年江苏省常州市与徐州市高中化学教师招聘的情况来看，招聘高中化学教师的比例明显小于其他学科，化学教师的生存压力明显大于其他学科。

二是改善生活的压力。教师除了必要的岗位工资之外，绩效工资体现了教师的贡献与教师的能力，也体现了教师间的话语权与分配权。近年来，在绩效工资分配中，化学教师的话语权越来越少。2019 版江苏高考制度对一些希望改善生活的化学教师来说，想通过提高学生学业水平考试的成绩，以及提高学生竞赛成绩来得到增加绩效工资的目的，达到改善生活的目标，越来越难。

三是职业发展压力。从高中的主要学科变为次要学科。广大化学教师的职业成就一直以来以学生高考的学科考试成绩、化学学科的竞赛成绩以及化学教师自身努力的成绩等几方面来表现，但如果无法通过学生达到期望的成果，以及由于学生太少而无法体现出区分度，教师的职业成就感就会明显下降。那么在职业发展上，教师就会体现出一定的倦怠感和疲劳感，对教师与学生的将来也是不利的。

四是社会责任压力。近年来，我国网络社交媒体中关于某种食品使用化学物质而不能食用的谣言满天飞，电视和报纸等传统媒体中“本化妆品不含化学成分”等无厘头的广告畅通无阻。因此，更多的学生选修化学有利于我国公民的科学素养的提升。另外，据应急管理部统计，2016 年我国没有发生危化品重大事故，2017 年发生重大事故 2 起、死亡 20 人；2018 年发生重大事故 2 起、死亡 43 人；2019 年 1 ～ 8 月份发生重特大事故 3 起、死亡 103 人。相比其他行业，从绝对人数来看，并不是太突出，但是由于社会公众对化学工业先入为主的负面印象，所以造成巨大社会影响。如果仔细分析产生事故的原因，更多的是由于操作工人缺乏必要的科学素养，无知者无畏而造成的。如果多一些科学素养，一些事故完全可以避免。如浙江省义乌市一企业员工为了证明厂里存放的酒精不纯，“我不信 75% 的医用酒精能点着”，竟一把火把厂房烧了。根据调查，近十年实施的高考制度，使江苏省学生科学素养明显下降。化学学科核心素养中也有科学态度和社会责任的要求，广大高中化学教师对学科素养教育的贯彻和执行总体来说还是到位的，他们对自己的要求相对比较高。如果没有承担好社会责任，他们会充满了自责，会带来很多焦虑的情绪。

焦虑的疏解

实际上，高中化学学科教师的焦虑，在高中政治学科教师身上也同样存在。根据江苏省教育年鉴2017版，江苏省根据师生比测算，高中化学教师约为8000人左右，高中政治教师约4000人左右。如果江苏省等8省份的高考制度扩展到全国，并延续数年，全国高中化学教师和政治教师的焦虑还需要充分重视。

一是心理疏导。随着社会的发展，越来越多的人倾向于高收入且低负荷的工作，学生放弃较难的学科，选择较容易学习的科目也在情理之中。美国本科生选择理工科和人文学科的比例也是如此。即使化学学科沦落到与考查学科同样的境地，化学教师的工作还是需要认真去完成的。即使化学学科贡献率从3%降低为0.3%，我们也要去努力完成化学学科的使命。每个学科都有它的使命，这也需要教育行政部门对化学教师和政治教师进行心理疏导，防患于未然。

二是政策保障。江苏省从2008版高考方案实行的“3+1+1”，到2019版高考方案执行的“3+1+2”，只是增加了一门新学科，语数外的地位仍然无法撼动，物理和历史的地位有所提高。江苏省 2008 版高考方案造成的影响，也是其他 7 省份执行 2019 版高考方案后将要面对的。江苏省是化学工业的大省，江苏省的化学工业产值占全省总 GDP 的 1/10 以上，化学工业不仅涉及化学工业生产，也涉及食品、纺织、印染等诸多行业。如果江苏省每年只有 10% 的考生选修化学，可能造成化学专业招生的不足，另一方面，即使招生充足也可能招收学生的素质不高。材料、药物合成等高科技产业对国民生产总值有显著的贡献，如果没有充足的金字塔底层人数支持，那么尖端的科技也不可能得到持续发展。高层次学校如清华大学除了对一门学科提出要求之外，还可以对其他学科提出专业要求，而大多数院校出于自身招生政策和学校定位的需要，不会对选修科目进行进一步的要求，这从近 10 年江苏高考招生的情况可以充分证明。这也对化学学科的选修人数造成很大的影响。江苏省实行 2008 版高考方案开始，部分高等学校对涉及化学学科的相关专业不提任何要求，包括医药卫生类以及化学类等均不提出化学学科要求。造成了大量的非选修化学的学生进入了相关的专业。而这些高校采取的措施是临时安排一些高中教师进入大学对大学生进行一学期甚至一学年的高中化学补偿教育。

2019 版高考制度改革中，只有湖南省提出了对某些学科进行招生保底的政策，而其他 7 个省份并没有提出对某些学科进行保底的措施。这也是造成江苏省化学教师焦虑的原因之一。在 2020 年 3 月，江苏省公布了学科保底措施，稍微缓解了化学教师的焦虑。让高中化学教师在其位置上充分发挥作用，需要学生来保证，缺少学生，势必造成行政压迫化学教师。例如，泰州市市委书记曾经说过高中化学教师存在结构性冗余。

三是树立正确的成就观。广大教师的绩效表现主要体现在自身教学成绩的提升以及学生的表现。通过学生高考的成绩表现来体现自身的价值，或者通过学生竞赛的成绩来体现自身的价值。近 10 年来江苏省高中数学物理化学等学科的竞赛水平与全国的水平有了明显的差距，这也反映出江苏省 2008 版高考方案的问题。有些化学教师感觉英雄无用武之地，竞赛学生人数每年越来越少，选修化学的人数也越来越少，能够上高三的教师越来越少，能够体现教师价值和能力的地方越来越少，教师的成就感越来越小。实际上教师的专业能力不一定非要通过第三方来体现，也可以通过自身的努力来体现。例如对教材的研究、对实验的研究、对课题的研究，等等。通过自身的研究，提高对教育的认识也是提升自我效能感的一个方面。通过自身的学习和教师素养的提升，从而实现自己专业水平的提升，也是教师实现自我效能感的重要方向。“条条大路通罗马。”在现有高考制度下，我们可以在除高考之外的其他途径，实现我们的抱负，例如，通过研究性学习、STEAM 学习以及教学研究等方面，体现广大教师的自身素质、能力。广大教师要确立“成功不必在我，我在必定成功”的心态，等待学科的春天。

满怀希望就会所向披靡。

——巫哲《撒野》

激发潜能不是应试教育的借口

有专家提出，教师工作的关键在于掌握成功激发、唤醒学生的教育方法，激发和挖掘出学生的各种潜能。还有专家提出，评价一个教师的优秀程度不仅在于其教出多少优秀的学生，还在于他能在多大程度上挖掘学生的潜能。但教育目的真的在于挖掘学生的潜力，激发学生的潜能吗？

潜能是什么？新华字典解释为潜在的能量或能力。潜能通常是指一个人身体、心理素质等方面存在的发展可能性。潜能是潜在的，是可以被发现的，是可以挖掘的，是可以激发的。潜能可以包括商业头脑、管理才能、文学天赋、艺术天分、科学研究意识、工程设计理念、人际交往能力、运动技能等。美国发展心理学家霍华德·加德纳(Howard Gardner)在1983年提出多元智能理论。加德纳通过研究脑部受创伤的病人在学习能力上的差异，提出多元智能理论。他认为人的基本智能包括：语言智能、音乐智能、数理逻辑智能、空间智能、身体运动智能、人际交往智能、自我认识智能、自然探索智能、存在智能等。

事实上，潜能研究更多需要的是心理学、脑科学、生理科学等更基础学科方面的知识成果。潜能的经典形象描述有：人类已开发并使用的能力是人类所有能力的冰山一角，而冰山的水下部分则是未开发利用的潜能部分。“普通人的大脑只开发了10%，如果我们可以开发其余的90%，那你我都可能会是天才。”这说明激发潜能、挖掘潜力的必要性。这句话最早起源于西方神经外科医生对大脑的研究论文，但这并不是有可靠实证研究的文献。最新的科学研究反驳了这一说法，事实上我们每天都在完全使用自己的大脑，无论是识别颜色、思考还是说话，整个大脑都完全参与，没有一块区域是空闲的。进化论也证伪了大脑只开发10%的说法，成年人的大脑消耗了身体20%以上的能量，如果我们只使用10%的大脑就消耗了身体20%的能量，那么当我们使用大脑功能的50%时，人就得死了。从这个角度说，用脑倒是可以减肥的。这种没有实证但看起来励志的言语，落到某些专家的手中后就传播开了。

潜能开发的本质是把个体天生的智慧、潜能诱导出来，激活已拥有的知识和掌握新知识的能力。潜能中的领悟力、思维能力、反应能力，需要通过训练、实践来提升；情绪认知控制力，感知力，需要通过理解等手段来强化；经验教训、常识等需要通过学习、理解、记忆来巩固。胆量、想象力、执行力需要想象、尝试、接触体验来提高；体能中的耐力、意志力、爆发力、恢复力兼具先天和后天的特点；灵性、悟性、顿悟等需要思考，并在一定情境下展现。根据多元智能理论，个体可能有一项或几项比较突出的智能，但也存在另外几项较弱的智能。我国著名乒乓球运动员刘国梁具有优异的运动技能、聪明的大脑，其管理才华也被广泛认可，这几项智能显得特别突出，而我国另一名女乒乓球运动员虽然具有很强的运动技能，但其管理能力却有所欠缺。每个人拥有的这几项智能，一般不会平均分配，可能像你伸出的手掌一样，五指长短不一。观察社会中各个行业的从业人员，成人间的能力表现差异很大。成人尚且如此，对发展中的学生来说，潜能的激发、开发，何其困难？

2018 年 5 月，新加坡教育部提出，让每个孩子都能发挥潜能，培养正直、坚韧和有自信的新加坡人。“发挥”在《新华字典》中的解释为把内在的性质或能力表现出来，把意思或道理充分表达出来。要发挥，首先要有某种内在的性质或能力，其次要有一定的时空背景。发挥的前提是已经具有这种性质或能力已经部分外显或没有外显。而潜能是潜在的，第一层意思是没有外显，但已经存在机体内部，是内在的；第二层意思是目前不具备，但已经具有某些潜在的身体和心理基础条件，假以时日，经过一定的培养训练，在一段时间后会表现出来的性质和能力。新加坡教育部所说的发挥潜能，大致可以理解为第一层意思。

北宋文学家王安石的《伤仲永》描述了一位神童的故事。五岁时方仲永写的诗文采和立意都很好，并且只要指定题目，他就能立即作诗，人们叫他“神童”。当他二十岁的时候，却和同龄的孩子没有什么区别了，那个“神童”不见了。虽然方仲永并不是一个真正的历史人物，但从文章中分析，5 岁的方仲永已经发挥了他的潜能，展现了他很好的文学素养和才华。方仲永究竟是因为缺乏后天的继续学习导致江郎才尽，还是方仲永仅仅只具备这样的能力和水平，即使后天继续学习也会“泯然众人矣”。在目前的教育制度下，有些高考少年班的学生和北大清华的学生在毕业多年后，和普通大学毕业生在各方面并没有显示出差异，这些是现代版的方仲永，还是现代高等教育和后续的工作环境未能开发他的潜能？

和方仲永相反的一个例子是中国著名力学家钱伟长，他中学毕业后接连参加了清华大学、交通大学、中央大学、武汉大学和浙江大学五所大学的入学考试，他的物理 5 分，化学和数学一共考了 20 分，英文更是直接 0 分（钱伟长自述中没有提及英文的成绩），却以中文和历史两个 100 分的成绩进入了清华大学历史系。同年发生“九一八事变”，钱伟长决定弃文从理，转学物理。而在学业上，钱伟长苦读四年后，逆袭为全班物理学得最好的学生，最终成为世界级科学家。以目前标准，中学阶段的钱伟长应该是一个重文轻理的学生，那么对他潜能开发，以中文和历史为目标，还是以数理化和英语为目标，还是所有学科兼要？

反复操练，对提高成绩一定有用吗？美国心理学家埃里克森曾经提出过一个观点，任何一个人要想在某个领域取得成功，至少要进行 1 万个小时刻苦而又专业的练习。也就是说，如果每周练习 20 个小时，这个人必须坚持 10 年才能成功。但是，来自巴哈马的跳高天才唐纳德·托马斯却用自己神奇的经历给这个“1 万小时天才”理论来了当头一棒。托马斯从小喜欢运动，2006 年的某一天，他跟朋友打赌说他能跳过 2 米的横杆，赌注很快又变成了 2.10 米、2.15 米，他都赢了。两个月后一次正式比赛中他跳过了 2.22 米的横杆，同年英联邦运动会上，他跳过了 2.23 米的横杆。2007 年，他参加了世界田径锦标赛，以 2.35 米的成绩打败了众多世界名将，获得了世界冠军，此时距离他生平第一次跳高仅仅过去了一年而已。为什么世界级运动员的成才之路会有如此大的差别呢？一个重要的原因就在于基因不同，基因不仅决定了不同的人有不同的身高和肌肉类型，还决定了同样的训练对于不同的人有着完全不同的影响。

智力是否也和遗传有关呢？这个争议比较大。伦敦国王学院的行为遗传学家罗伯特·普罗敏坚信两者关系密切，先天条件和后天培养同样重要。他分析了 5474 对 16 岁左右双胞胎的全英统考成绩，其中 2008 对为同卵双胞胎，基因几乎是一样的，其余的为异卵双胞胎，一半基因是相同的。分析结果表明，核心科目（英语、数学等）的考试成绩有 58% 取决于基因，基因在理科方面的影响比文科高。相比之下，孩子们的学习环境，包括学校、教师和家长等因素在影响考试成绩的因素中所占比例只有 36%。

现行高考教育制度下，优质高等教育资源不足，高考的竞争被形容为千军万马过独木桥。相比高考，竞争更为激烈的是中考，2017 年江苏普通高中录取率 46.6%，而 2017 年江苏高考总录取率为 91.91%。不仅教育，各行业都存在着竞争，竞争终要靠实力取胜。在中学阶段把潜能完全挖出来，上了高中，考到好的大学，走上社会，在工作中，竞争力如何？在成长的每一个阶段，每个人都存在着潜能，能不能激发出来，需要看自己、环境、经历等因素。我们看到一些高呼着挖掘潜能，进行素质教育的学校，实际在轰轰烈烈地抓应试教育。激发潜能、挖掘潜力还可以看另一个指标，就是有没有进行个性化的指导，“龙生九子，九子各不同。”孔子说要因材施教，没有个性化指导的教育怎么激发潜能、挖掘潜力？很多高喊口号的学校，都是披着素质教育的外衣，抓应试教育的“狼”。

英国教育家怀特海说“学生是有血有肉的人，教育的目的是激发和引导他们的自我发展之路”。怀特海在《教育的目的》一书中写到：“我们必须记住，不能利用的知识是相当有害的，如果一个人仅仅见多识广，那么他在上帝的世界里是最无趣的。”怀特海认为在某种意义上，随着智慧的增长，知识将减少，因为知识的细节消失在原理之中。知识灌输越多，对大脑的伤害越大，人的创造力就会丧失。孩子的心智是一个不断发展的有机体，一方面，它并不是一个可以被人无情地塞满各种陌生概念的匣子；另一方面，有序地获取知识，对孩子们正在发育的心智来说，则是天然的食品。这种有序的方式是人类心智自然渴望的节奏。克里希那穆提认为，积累知识不能通向智慧。知识不等于智慧！智慧能够运用知识，是知识的结束。伟大的科学家一般是少知识多智慧的人，所以才有惊人的创造力。中国的学霸、经过高考折腾、高强度竞赛培训出来的学生，表面上很不错，其实已经没有多少创造力了，只有高度获得知识的能力。

不论是学生还是教师，发掘自我的潜能应成为每个人终生的目标。我们要坚信人的潜能是多方面的，人的特长往往是人某个方面潜能的表现，还有许多潜能隐藏在角落里，未被发现，我们要善于把它们发掘出来，从小事做起，在实践中激发潜能。在心中想象一个比自己更好的自我形象，激励自己的斗志，释放自己的潜能。我们要坚信发现自己的潜能，是取得成功的重要条件，经常给予自己积极的暗示，能够提高自己的信心和勇气，帮助我们发掘潜能。但是，无论是社会还是个体，都应该抵制以挖掘潜能为名、行应试教育之实的做法，潜能的发挥或挖掘有一定的阶段性、阶梯性，不可能一蹴而就；潜能的发挥或挖掘也需要个性化的指导或自省。要抵制挂羊头卖狗肉的做法，同时也要有一定的自信——好酒不怕巷子深，做好自己，终究会成为自信的自己。

当你的才华还撑不起你的野心的时候，你就应该静下心来学习。

——莫言

中小学教师要提高科学素养

科学素养是文化素质的一部分，是指对日常生活、社会事务以及个人决策中所需要的科学概念和科学方法的认识和理解，并在此基础上所形成的稳定的心理品质。科学素养是一个融科学知识、科学方法、科学态度、科学价值观等多种因素为一体的复合概念。科学素养的四大要素为：科学兴趣（求知本能），即对科学的好奇心与求知欲，以及由此发展出的亲近科学、体验科学、热爱科学的情感；科学方法（探究核心），即了解或把握认识客观事物的过程和程序，知道如何运用科学技术知识去尝试解决生活工作中的问题；科学知识（概念核心），指对自然事物、自然现象和科学技术知识的理解；科学精神（理念行为），即对科学技术具有正确的价值判断，形成负责的学习态度，既勇于探究新知又能够实事求是，既敢于质疑、独立思考又乐于互助合作。目前各国在测度公众科学素养时普遍将科学素养概括为三个组成部分，即了解科学知识、了解科学的研究过程和方法、了解科学技术对社会和个人所产生的影响。这与教学三维目标的表述很类似，只有在上述三个方面都达到要求者才算具备基本科学素养的公众。

中国公民科学素养的现状

2010 年 11 月，中国科学技术协会发布的第八次中国公民科学素养调查结果称，了解必要科学知识的公民比例为 14.67%，掌握基本科学方法的公民比例为 9.75%，崇尚科学精神的公民比例为 64.94%。按照只有在上述三个方面都达到要求者才算具备基本科学素养的公众标准，中国大陆具备基本科学素养的公民比例达到 3.27%。后续的调查显示，2015 年我国具备科学素养的公民比例达到 6.20%，2018 年我国公民具备科学素养的比例达到8.47%。据有关数据显示，2005年瑞典具有科学素养的公民比例为35%，美国为28%，荷兰为24%，挪威、芬兰、丹麦等三国为22%，我国公民科学素养与西方发达国家差距较大。

我国公民科学素养的现状为：总体上公民科学素养水平逐渐提高，但与发达国家相比还有较大差距；不同群体表现出明显的群体差异，较低年龄段高于较高年龄段；受教育程度越高，整体水平越高；城市公民高于农村。公民科学素养水平的变化显示，科学素养较低的群体水平有较快提高，特别是受教育水平较低（指受初中教育）和农村公民科学素养整体水平提高的幅度较大，对公民整体科学素养提高影响显著；公民对科学研究的过程和方法理解水平较低；公民科学精神比较欠缺，还存在大量有迷信思想的公民，学校在对科学精神的培养方面还存在较大问题。

教育应承担的责任

2020年2月，学者郑永年撰文指出2003年非典危机之后，中国公共卫生体制有了实质性进步，尽管非典疫情改变了中国的公共卫生体制，但丝毫没有改变人的行为。没有一个民族的行为从一开始就是科学的，科学是人类进步的产物，科学的行为是科学启蒙的产物。但时至今日，科学没有成为人们日常生活的一部分，或者说科学仍然处在人们的日常生活之外，科技在进步，但人们的行为没有进步，没有用科学来做理性的思考，来改善自己的生活。更为严峻的是，新科技往往成为人们传播谣言和迷信的有效工具。如果要促成科学进入中国人的生活，人们需要一场全民科学运动，这是一场真正的文化启蒙运动、科学启蒙运动。中国无疑已是科学技术大国，但这并不足以使中国成为科技强国，因为科学并没有反映在人们的日常生活中。只有每一个社会成员学会了科学地生活，中国才会是一个强大的国家。

2016 年 3 月，国务院办公厅印发了《全民科学素质行动计划纲要实施方案（2016—2020 年）》，对“十三五”期间中国公民科学素质实现跨越提升做出总体部署，科学素质作为国民素质的重要指标，受到各级政府和研究机构的关注。《纲要》把提高未成年人科学素质，列为四大重点人群的首位，反映了提高中小学生科学素质的重要性和必要性。作为科学知识的传播者、科学兴趣的启蒙者、科学方法的引导者、科学精神的弘扬者的教育工作者，其科学素养水平将直接影响青少年科学素养。只有切实提高教师的科学素养，才能真正完成培养未成年人科学素养的任务。

教师的科学素养现状

教师承担着培养国家未来建设者的任务，教师的科学素养会影响国家的前途和未来。根据一些教师群体调查，可以发现不同教师群体的公民科学素养水平。一项对小学教师的调查显示，从性别、年龄、学历上看，科学方法和应用上得分差别不显著；对教师所学专业进行分析，在科学方法方面，理科、普通师范专业毕业的教师之间差异不显著，但前两者和文科专业教师之间差异显著；科学在实际生活的应用方面则差异不显著。一项对初中、高中教师的调查显示，学历因素是影响教师科学素养水平的重要因素，教师所教专业对教师的科学素养水平也有显著影响。参与调查的教师包括生物、物理、化学、数学等学科教师，其中前三个科目的教师科学素养水平比较接近，生物教师的科学素养略高一些，数学教师的得分则低于前三科教师；各专业学科教师对本学科知识均有较好的基础，得分率较高，但对跨学科知识尚有欠缺。

到目前为止，有很多调查研究教师的科学素养，但基本上仅限于教师群体内部。所有的调查都显示受教育程度越高整体水平越高，但暂时还没有公开的教师群体和其他社会群体公民科学素养差异的研究。教师的公民科学素养到底如何？我们可以通过观察一些教师的日常生活、工作中的表现，来分析教师的公民科学素养。有的教师微信转发过这样一篇文章，文章列举了张继、柳永、曹雪芹、唐伯虎、胡雪岩、顾炎武、金圣叹、黄宗羲、吴敬梓、蒲松龄、洪秀全等，都是落第秀才，个个都是大名鼎鼎。同时列举了傅以渐、王式丹、毕沅、林召堂、王云锦、刘子壮、陈沆、刘福姚、刘春霖，每一个名字都是那么陌生，后一批名单其实都是状元。这篇文章是想说明“落第秀才”比状元厉害，宣扬读书无用论吗？一些教师对这样的网文不假思索地转发，没有科学地审视。首先，这些落第秀才绝大多数都不是普通人家出身，在古代能够读书的家庭绝大多数不是贫困家庭，他们能够在某一方面做出成绩，是缘于他的祖上努力，为他们打下了良好的经济文化基础。如吴敬梓，出生在“科第仕宦多显者”的一个官僚家庭，在明清时期，吴门是“一门两鼎甲，三代六进士”，其他人大多是如此。其次，现代人对古代人物的熟悉度和是否入选语文、历史等课本有关，这里还有一批人，唐代的郭子仪、贺知章、柳公权、王维，南宋的文天祥、明代的杨慎、清朝的翁同龢、张謇，这些人物都是状元。自唐至清，也不过有638个状元，而就算不考虑人口更替迭的因素，在清朝后期人口就有三亿之多。从数以亿计的人口中找几个有名的和几百个人中找几个不出名的来比较，这是典型的“幸存者偏差”，算不得科学结论。伪科学爱讲故事，现代科学用的则是数学与证据。如果把这样的文章用在高考动员时，实施一颗红心、两种准备的教育，负面影响是原来教育是无用的，还参加高考干什么？

还有教师转发各种震惊体文章，如《震惊！原来粉丝是塑料做的！》《震惊！你买的鸡蛋可能是人造鸡蛋！》《震惊！用微波炉加热原来存在这么多危害！》等有关文章，不知道转发者有无考证？自媒体盛行的时代，难道发声者都是所谓的专家了吗？还有如《震惊！孩子磨蹭怎么办？学会这一招保你没困扰！》《心理研究发现，多做这些动作让你变得更自信！》。这些文章都夸大了某单一因素对人的影响力，实际上成功受到多重因素的影响，包括智商、家庭背景、机遇、环境和能力等因素的影响，根本不存在决定我们成功或失败的某个单一因素。还有如蝴蝶效应、毛毛虫效应、温水煮青蛙实验，也经常被一些教师拿过来作为教育学生的案例。但是教师到底有没有分析，有没有自己的判断？伪科学绝不是科学，我们要提升科学素养，对一些所谓的科普文章进行判断和分析。

人教版小学语文教材中有《两个铁球同时着地》的课文，讲述伽利略勇于坚持真理，敢于怀疑权威亚里士多德，用实验证明亚里士多德关于“落体速度与重量成正比”的论断错误的故事。1909 年，德国学者沃尔维尔率先表示质疑，“伽利略从未在比萨时的著作中写过此事，后来的著作中也未提到。”1935 年，美国学者库珀在《亚里士多德、伽利略和比萨斜塔》一书中大量举证，证明伽利略没有做过“比萨斜塔实验”。霍金在《时间简史》中针对此事写到：“据说伽利略从比萨斜塔上将重物落下，从而证明了亚里士多德的信念是错的，这故事几乎不可能是真的。”

提高教师的科学素养

相对社会其他群体来说，教师公民科学素养处于相对较高水平。教师群体的科学意识都比较高，科学情意得分次之，科学知识位列第三，科学能力（方法）排在最后。科学素养教育要从教师的职前教育开始，在职教师的科学素养教育也不能忽视。

在职前阶段，理科教师的预备人选要增加人文学科的课程，增加其人文素养，文科教师增加科学课程。在大学阶段，对预备成为人民教师的学生，开设各种人文、社会、自然科学的课程，作为大学选修课的一部分。除了课程之外，还可以通过必要的读书会、讨论、辩论、报告的形式，提升未来教师的科学素质。目前正在进行的高考课程改革，文理不分科和高考选科制度改革，面向全体学生，截至2019年，多省份实施高考科目改革，对公民的科学素养和人文素养的提升到底有多大的帮助，还有待后续效果来确认。

在职教师的公民科学素养的提高，教育部门政策的支持。要鼓励教师参加跨学科活动，鼓励教师参加继续教育，积极进行不同学科横向交流，让教师多观摩高水平的课堂教学活动，从中吸取间接经验；请专家教授，举办各类科学素养专题讲座、报告，及时扩充教师的知识面，了解科学研究的方法，提高教师的科学研究能力；鼓励教师积极参加科学素养、实验设计等方面的比赛。提高教师的科学探究能力、实验动手能力、现代的教学手段应用能力；建立激励机制，激发教师学习意愿；学校要给予实施科学教育表现优秀的教师以物质与精神奖励；组织到科技馆参观学习，通过参观了解科学知识在生产生活中的应用，了解科学的发展和前景；通过写考察报告、参观感受，增强教师的科学意识，从而提高教师的科学素养。

在职教师也需努力提高科学素养。加强理论知识，更新教育观念。学习科学的方法，了解科学是什么，了解科学研究的价值、感受科学精神、掌握科学方法，体会科学探究。自学是提高教师科学素养的重要方式，教师可根据自己所教学科的特点，直接学习和了解有关的科学知识，如四川省教育厅组织编写《教师科学素养读本》等。教师可研究教材，找出科学知识点，将其渗透于教学过程中，这样既启发了学生，又充实了教师的知识面，完善了科学知识。教师要了解科学的前沿，如量子科学、万物互联、3D 打印、5G、人工智能、基因编辑，还要知道新能源、绿色食品、垃圾分类等。教师要学会使用科学方法、提高科学研究能力，不要再被网络或自媒体的文章洗脑，多一些问题，多一些思考，多一些质疑。

认输是一种主观态度，没人能强迫你；

失败是一种客观现实，没人能掩盖它。

——空山新雨

教师成长的平台

教学过程中，教师对学生辅导答疑必不可少。在辅导学生作业的时候，教师们最害怕学生说“我不会”。学生如果能说出其思维过程或想法，教师一般会慢慢引导，学生如果不说出思路，教师一般不能判断出学生的思维障碍在哪一步、在哪一个方面。“我不会”——这种近乎绝望的求助，有些青年教师也会表现出来。如有些青年教师被问到专业发展需求时，也会回答“我不会写论文”“我不会做课题”“我不会上公开课”。对于这样的回答，提问者往往很无语。你什么都没做，怎么就知道不会，你到底能做到哪一步？教师发展，首先要有专业成长的愿望，其次要有为教师专业成长搭建的平台，最后还主要靠自己努力。教师成长的平台包括：学校平台、地方各级教研平台、学术团体平台。教师参与平台越多，参与程度越深，付出努力越大，教师在其中收获就越多。

学校平台

学校是教师专业发展的重要基础平台。学校层次的高低对教师专业发展有重要的影响。县级或市级的地方政府，虽然近年来在均衡义务教育资源方面，实施了非常多的举措，但传统名校在招生方面仍然存在巨大的优势。在高中教育阶段，经媒体查询，没有发现哪一个地方对高中阶段教育实行均衡化的管理举措。出于各种因素的考虑，各地方在高中阶段仍然实施领头羊领跑，同时鞭策后进学校的策略。

在一流学校，由于长时间在社会中有良好的口碑，加上政策的倾斜。学校往往能招到优质的生源。俗话说名师出高徒，在一流学校，不仅名师出高徒，也有高徒出名师的现象。生源质量的高低，对一个学校的办学业绩有至关重要的影响。

最常见的有各学科的奥林匹克竞赛，即使不同的学校一起组成竞赛的辅导班，且在同一教师的指导下，最后不同层次学校的学生获奖情况差异还是非常大的。在一流学校中，学生问的问题，更有深度、难度，更有探究性，会倒逼着教师去加强学科研究、教育方式方法的研究。

在一流的学校，对教师的要求也明显高于一般普通学校，教师招聘过程中，对大学毕业生的要求高于普通学校，一般能招聘到素质较高的新教师，同样一流学校，对素质较高的大学毕业生具有很大的吸引力，两者相得益彰。新教师进入一流学校以后，面对着较高水平的同事，顶尖水平的学生，学校严格的专业成长要求，新教师的自我发展意愿比一般学校的新教师更为强烈。名校由于历史的因素，几乎每个教研组有一位以上的学科学术领衔人，对青年教师的成长，将树立榜样的作用。名校除了学科专家众多之外，还存在着更多的学科带头人、骨干教师等。我们常说文人相轻，在一流学校，这种现象也较为普遍和常见，有才华的教师往往恃才傲物，特立独行。从另外一方面说，这也是一件好事，促进了教师之间的相互竞争，大多数时候这种竞争是良性的，形成了你追我赶的现象，对整体来说，促进了师资队伍的整体发展。

在荣誉分配上，县级及县级以下学校的教师，虽然获得的荣誉数量要多于城市学校教师所获得的荣誉，但一般来说，其获得的荣誉级别相对较低，主要以县级为主。但即使是城市学校，一流学校、二流学校、三流学校中间也存在着较大的差异。除了一些需要硬性评比的荣誉之外，往往顶尖学校几乎每次都可获得省级、市级综合荣誉的分配名额。而二流学校和三流学校，可能要轮流排队，几年甚至十几年，才能轮到一次。有些时候，综合荣誉不是教师能够争取到的，综合荣誉的多少是由学校的层次决定的。而综合荣誉往往是青年教师向高层次发展过程中，必须迈过的坎。

一流学校之外的学校要主动扩展教师发展平台。一所希望改变校内研究水平的学校，不能仅仅盯着层次不高的校本教研，更要眼光向外。在把教师送出去进行培养的同时，要思考怎样引智，与师范院校、省市教育研究机构合作，引进专家、教授，进行全员培训，或对部分有发展前途的教师重点培养，建立师徒结对等形式的培养模式。开展富有实效的教学研究活动、教育科学研究活动，既能改变学校的教研氛围，提升全体教师的教育教学理论水平，帮助重点发展对象成长，还可以提高学校的知名度，为学校向更高平台发展建立良好的基础。

地方各级教研平台

教师的专业成长除了和学校的教师文化、教研氛围有密切的关系之外，还和市县两级的教研平台有密切的联系。各地的教研氛围和教研水平的高低和教研员有直接的关系。2018 年 7 月，海淀区教师进修学校推出教研员专业素养标准 2.0 版，教研员专业素养框架，包括专业精神、专业知识和专业能力三个维度，10 项指标、20 条内容。教研员不单有教学研究的责任，也承担着进行教育科学研究的任务，各地教师发展中心或者教育科学研究院（所）和学科教师有关的培训主要也是这两方面。各地的教育研究机构会经常开展教学研究活动，青年教师要积极参加教学研究活动。不仅要听开设的公开课或研讨课，更重要的是，要参与评课议课，只听课不研讨，收获大打折扣。一般正式的教学研究活动中，都会有若干个学科教学专家或教研员参加点评课堂教学。青年教师应该主动发表自己的意见，即使观点可能比较稚嫩或者比较肤浅，但通过多次活动，不断反思，就会对课堂的观察点有更多的认识，下一次也可以模仿别人的评价格式或者评价的角度对课堂进行点评。通过自己和他人的课堂点评观点和意见对比，找出自己的差距，是课堂的设计问题，是教育理论水平的问题，还是实施过程中的具体问题。通过不断听课、评课、不断反思，不仅丰富了学科知识与认识，也对学科教学方法有更多的了解，对当前公开课、评优课的发展趋势有更多的认识。

青年教师要利用这个平台，珍惜参加教学研讨的机会，珍惜每一次与教研员的交流接触的时间和机会。青年教师积极听取教研员的评课意见，对教研员提出的建议或改进措施进行反思。即使在交流时候，可能感觉对方吹毛求疵，也要耐下性子，秉持着有则改之、无则加勉的态度，要抱着学习的态度。大多数时候，在校内开设的公开课，大多数同行会碍于情面，只会讲课堂教学的优点，对缺点避而不谈或蜻蜓点水般带过，这对教师成长来说并无多大帮助。教研员作为专业的教学研究人员，看问题的角度和视野更为宽广，对隐藏的问题认识更为深刻，可以帮助青年教师克服教学中的薄弱环节，尽快适应课程改革的形势和要求。

对教研员组织的教育科研活动，青年教师应该尽可能地参加，并且全程参与。教师们经常说大学教了我们很多学科知识，但在教学中很多都用不到，中小学除了教学，还要写论文和进行课题研究，但是大学又没有教给我。参加教研部门组织的课题研究和项目研究，实际也是弥补我们的短板，提高论文写作能力，提升科学研究的能力。

青年教师要利用这个平台，争取开设县市级公开课，要积极参加各类学术评比活动，包括学科基本功比赛、评优课比赛、微课比赛、实验技能比赛、论文评比、实验创新比赛，等等，在比赛中找到自己的不足，在比赛中磨砺自己，在比赛中提升自己。青年教师要通过自身的努力，努力在本地区教研活动中有一定的存在感，努力让大部分同学科教师都认识你，让大多数同学科教师对你的教学有一点儿印象，让大部分同学科教师认可你教学的长处。

各地教研氛围和教研水平会存在一些差异。青年教师要不断地创造机会。积极参加外地的教研活动，特别是国家级、省级的学科教研活动，这不仅是一个拓展提升的机会，也是一个展现自我的场合。

学术团体

北周的庾信在《秋夜望单飞雁》中有“失群寒雁声可怜，夜半单飞在月边”。教师的成长离不开群体的帮助，除了学校平台、教育研究机构之外。还有一些非常设的学术团体。一种是学科工作室或者学科发展共同体，这种学术团体，一般都采用报名的方式招募成员，它打破了校园以及地区的限制，有很多学术团体会跨地域开展学术交流活动，可以让青年教师了解外面更广阔的世界。青年教师要积极主动报名参加这样的学术团体，承担自己应尽的职责，主动担起教学研究的任务，担负教育科研的责任。还有一种学术网络平台，它可以被认为是一种松散型的学术团体，在网络学术平台中，大多数教师会基于学科中疑难问题，经常性地进行交流与互动，可以丰富青年教师的学科专业知识和水平。有的网络平台，还会不定期地开展网络学术讲座。网络学术讲座与面对面的讲座最大的不同是受众人数多，可以随时提问，过程都有记录，适合后续的继续学习。网络讲座主题丰富多彩，有学科知识方面的，有教材研究方面的，有教学行为方面的，还有教学技术方面的。农村学校的青年教师，更应该积极参与网络平台的研讨活动。

自身的努力

外部的平台，是促进教师专业成长的环境因素，即使在一流学校也会有寂寂无名的教师，在一些二三流的学校也会有学术领衔人，最关键因素不在于学校层次或本地区的教研氛围。这实际上是主观与客观、环境与自身之间的关系。道家认为人是自然的一部分，天人合一就是要达到人与自然的和谐。应该努力去做到，根据平台或环境的优势，促进自身的专业发展，同时以自己的努力对本地区的学科教育作出贡献。

影响教师成长的因素很多，最主要的是教师自身的努力，但是基于政策因素的限制，不仅需要自身的努力，有时候也可以去改变环境。改变环境包括选择更适合自己专业发展的工作岗位、学校、地区。某些荣誉评选中发现，有的教师为了荣誉评选采取“曲线救国”的方式。某年某省特级教师评审对各学段入选数控制比例为：高中 22% 以内，中职 8% 左右，初中 30% 左右，小学 30% 左右，幼儿园 10% 左右。某地级市初选中，幼儿园 1 人申报，有 2 个名额；小学 19 人申报，竞争 8 个名额；初中 11 人申报，竞争 8 个名额；高中 15 人申报，竞争 5 个名额；中职 2 人申报，有 2 个名额。幼儿园阶段、中职教师申报省特级教师，几乎无人竞争。而作为普通高中教师，市级淘汰率就达到 66.7%，并且在其后的省特级教师评审中，高中教师比例限制在 15% 以内。部分教师改变原有的工作岗位，有的高中教师变成了初中教师，有的高中教研员也转身变成初中教研员，有的城市教师转身变成了乡村教师。教师的成长，需要增强自身的硬实力，依靠平台的力量，实现自身的成长壮大。另外，各类优秀教师也应该在各类平台上，反哺本地的教育，培养更多优秀教师。

如果大地的每个角落都充满了光明，谁还需要星星。

——江河《星星变奏曲》

教师应该多读书

电影《精武门》中，李小龙饰演的陈真对前来抓捕自己的巡捕房捕头说：“我读书少，你不要骗我，是不是我离开这里，精武门就不会受连累”。陈真是讥笑读书人，还是相信读书人？至少陈真认为，他和读书人是不一样的。那个年代，读书往往是富裕阶层的特权，很多贫苦人家的小孩没有资本进入学堂接受教育。随着国家富强、社会发展，读书成为普通百姓能够轻易完成的事。通过计算美国 1957 年比 1929 年增加的教育投资总额，舒尔茨推算出教育对国民经济增长的贡献是 33% ，目前全世界对教育的重视程度是前所未有的高。中小学黑板报经常出现“我读书，我快乐，我成长”等类似的读书宣传。社会进步了，时代发展了，人们更爱读书了吗？作为教育工作者的教师，是不是更爱读书了？

读书对家庭教育的影响

《人民日报》的文章《教育改革要从家庭教育开始》中提出家长有五个层次：第一层次是舍得给孩子花钱；第二层次是舍得为孩子花时间；第三层次是家长思考教育的目标问题；第四层次是家长为了教育孩子而提升和完善自己；第五层次是父母尽己所能支持鼓励孩子成为最好的自己，也以身作则，支持孩子成为真正的自己。现在流行的一个词语叫“拼爹”，从家庭教育角度来说，拼爹的说法也有部分合理的成分，优秀的家长应该自强不息，将希望寄托在自己身上，让儿女自由地飞，让儿女继承他们的精彩人生，回报社会。据报道，河南 49 岁妈妈和儿子同时考上研究生，儿子考上了复旦大学，妈妈被广西大学录取，“励志妈妈”引起了社会极大关注。

大多数教师已经成为家长或者即将成为家长。教师除了在工作中教好学生之外，在家庭中也承担着家长的角色。在网络中经常看到教师不爱读书、教师子女成才难之类的文字。《老师改变了我们》指出美国教师和学校对学生学业成绩的影响贡献率平均为15%，最多20%。对于我们国家，学生在校时间比美国长，家长对学生的学业成绩更为重视，我国教师和学校对学生的影响应该比美国高一些。安徽师范大学教育科学学院赵必华教授经过实证研究也证实了这一点。大多数教师兼有教师和家长的双重身份，从家长的角度，我们应该要尽量做到家长天天向上，孩子好好学习，能够产生相互的积极影响；从教师的角度，秉持着学高为师，身正为范的态度，为孩子的学习、读书，树立严于律己，追求卓越的学习榜样。

读什么样的书

怀特海在《教育的目的》中指出：学生是有血有肉的人，教育的目的是激发和引导他们的自我发展之路。教师对学生的激发和引导，不能仅仅通过言语，空洞的说教是没用的，更多的要通过教师的示范，用自己的行动，引导学生爱读书、爱思考。

教师应该看的第一类书是关于对教育的认识这类书。对教育的认识，越是大家，写得越通俗易懂。例如《不跪着教书》《课堂密码》《今天怎样做老师？》《今天怎样做班主任？》等，这些书都具有通俗易懂的特点，都能贴近教师的工作，作者的理念渗透在每一篇文章中。在许多书的附录部分，都有一些和此书有关或类似的书目，可以顺藤摸瓜，循着书目找书籍。通过这些书籍的阅读，了解教育理论流派及代表人物，了解一些中国当代教育名家的教育思想。基于个人的经验，建议不要去买非专业人士写的关于教育方面的书。

教师应该看的第二类书是关于对教学的理解这类书。当一个年轻教师进入了学校进行教学工作，这个学校的生源可能是高、中、低等不同层次，但是作为青年教师不要成为只能教特定学校、特定学生的教师。关于学科教学和学科知识的书籍很多，一些教学案例方面的书，都需要充分研究，汲取其中的精华。编写者所写的教学案例，是基于一定学力的学生量身定制的，不一定适合所有的学生，也就是说不一定适合自己所教的学生。教师在学科类书籍的研究中，一方面要完善自身的学科知识结构，关注能力培养方式及效果；另一方面也要选择一些理论进行教学实践，加深对学科类书籍的认识。教学过程不仅是知识的传授、能力方法的培养，还需要进行正确价值观的引领。例如，一位高中化学教师用以下的问题，阐述了他对教育、教学的认识和理解。问题是将二氧化硫通入氯化钡溶液中会有沉淀产生吗？添加什么物质才能有沉淀产生？如果选择加碱性物质，这意味着改变环境；如果选择加氧化剂，这意味着改变自己；如果选择加其他沉淀，这意味着自娱自乐、不思进取。这位教师不仅从知识、方法角度，还从教育角度对题目进行了诠释。在教学中，一些教师仅仅站在学科教学的角度关注知识、方法，忽视了素材、问题背后的教育价值和功能。

教师应该看的第三类书是杂书。要使教师的教学更有魅力，教育的功底更加深厚，应该广泛阅读，不能仅仅把自己定位、停留在教师角色上。从深度认识教育的角度，逐步扩大阅读面，像社会学、管理学、哲学、文学、逻辑学、心理学、历史学都可以有所涉猎。例如，班集体建设就与判断力、执行力、领导力有关，广泛的阅读会增强班集体建设的视野与高度。培根曾说过：历史使人贤明，诗歌使人高雅，数学使人高尚，自然哲学使人深沉，道德使人稳重，而伦理学和修辞学则使人善于争论。这其中数学使人高尚，网络上大多版本都是如此描述的，这也是一个不解之谜，这个说法是培根提出来的吗？有没有以讹传讹？数学使人高尚的依据是什么？罗伯特·诺齐克在《苏格拉底的困惑》一书中指出：哲学家寻找结构，来说明事物是如何被关联并建构起来的，在简单的问题中发现复杂性，又从复杂的问题中挖掘简单性。哲学家对事物的理解是结构性的，其方法是清晰的思路和逻辑推理。哲学可以被认为是自然科学和社会科学的上位学科。如果想拥有广阔的视野，清晰的、结构化的思路，严密的逻辑推理，哲学的阅读是必不可少的。

怎样读书

《学校管理的 N 个创意》一书中有这样一句话：一般人不读书是习惯问题，教师不读书是品质问题。这句话看上去语气比较重，但仔细分析，品质不等同于品德，在这个地方也可能仅仅指的是学习品质。成为优秀教师的必要行为包括听、读、说、写等四个方面或环节，读与听是输入，成就你的内涵；说与写是输出，成就你的价值。

首先，需要对“书”进行界定。随着现代科技和互联网的日新月异，除了纸质书之外，还出现了电子书、听书等新型媒介。从阅读习惯来说，可能在阅读过程中有时也要去关注前后文，纸质书相对方便。大多数时候我们需要深度阅读，不是快阅读或浅显阅读，纸质书相对适合边读边思考。网络上甚至有更扯的“量子阅读”培训，宣称“只要掌握了量子波动速读方法，就能在10分钟内阅读一本10万字左右的读物，并准确复述80%以上内容，直接以心灵感应的方式高速获取信息”。另外，纸质图书可以做必要的标记、夹书签，方便查找，并不逊于电子书。从阅读的辛苦程度来看，长时间盯着屏幕容易感到疲倦，会有疲倦感。纸质媒介除了一般出版社出版的图书之外，也包括专业期刊、理论期刊、报纸等传统出版物。纸质传媒大多更为正规，质量较高，大多数网络自媒体文章几乎没有营养，甚至有害。

其次，阅读需要有一定的梯度，循序渐进。作为新手或刚开始阅读的新教师，一般要从通俗类书刊开始阅读，一开始的阅读属于感受类阅读，阅读也可以分为泛读、精读、思考、质疑四个步骤。在读书中，不仅要深入到图书描述的情境中，进行切身地感受，也要把这种感受迁移到社会、生活、教学等多方面。感受变多、变深之后，要去尝试进行思考、质疑。在感觉通俗类读物口味越来越淡、收获越来越少的时候，可以尝试有难度的阅读。这类阅读往往需要较长时间，也比较烧脑。可以从小本读物开始，逐步迈向大部头。这个阶段开始容易，难的是能够坚持把第一本有难度的书阅读完，才算成功一半。通过阅读有难度、深度的图书，对问题的思考视野、角度、思路将不断拓展。对待人和事的分析判断，相比以前更具有结构化的特征，比以前更有条理，更加全面。

人们常说四十不惑，人们在阅读社会的过程中不断地思考，从而达到不惑的境界。现在我们通过阅读纸质书，通过间接的社会经验，能更快地达到不惑的境界。其实四十岁的人还是有很多困惑的，但是能够看得透、看得清、想得明白，所以能坦然接受。

再次，阅读时要学会反思。阅读不能仅是单向的信息输入、观点接收的过程，大量的阅读以后，就会发现很多书籍的观点是针锋相对的。在哲学史中，一位哲学家提出观点的依据是什么？它存在什么问题？下一位哲学家怎样反驳他的观点？这些需要我们在读书的时候，一边阅读一边思考。不同观点的图书读得多了，就可能会发现有些书籍，根本没有阅读的必要，下一次挑选书籍的时候，就会有更多的经验。在读书中我们要不断地思考，在家庭教育上，有的注重“让孩子自由发挥”，有的侧重于“对孩子立规矩”，这是怎么回事？将“学而不思则罔，思而不学则殆”这句话，变成读书有关的“读而不思则罔，思而不读则殆”。在阅读网络文章时，除了要睁大双眼之外，更要仔细辨别事实的真伪、结论的可靠性。如 2011 年 3 月某报载文《中国儿童自杀报告：中国儿童自杀率世界第一》。如果信以为真，那么就会对中国学校教育和家庭教育充满忧虑。事实是这篇文章最初来源竟是 2005 年境外反华势力的网站，那么真相如何呢？ 2011

年，《中国青年研究》刊文，该文章里收集了2002—2009年中国青少年自杀的数据，我国青少年自杀率整体较低，并且一直处于下降态势，从2002年的8.79/10万，2009年已下降为3.01/10万。我国预防青少年自杀的成效比较明显，处于世界较高水平。WHO官网2018年发布的统计里，中国青少年自杀率排列主要经济体的后段。在阅读时要多一份心思，不能人云亦云，未经过查证而盲从，不如不读。许多文章对影响中小学优秀教师成长的因素进行了研究，大多数研究都指出，教师的性别、教育、工作的学校类型对教师成长有影响；入职学历对优秀教师的成长没有影响。自身的学习、不断的教学反思对优秀教师的成长具有决定性作用；网络、教育杂志、教育行政部门的支持，对于优秀教师的成长具有很大的推动作用。

最后，阅读会丰富个人的内涵，可以用实践表达出个人的价值。通过阅读提升思考能力，把阅读中的所思所想用于实践，通过阅读发展批判能力、表达能力。实际上很多学科是相通的，教育、社会、生活有些也是相通的。学会思考与分析，将阅读收获迁移到教学、生活、社会等多个方面。元代吴澄说："读四书之法：必先究竟其理而有实悟，非徒诵习文句而已；必敦谨其行有实践，非徒出入口耳而已。"莫琳·希凯所写的《深度思考，不断逼近问题的本质》，虽然体例上属于个人传记，但是其中有很多非常具有哲理的思考，如打破传统，重新定义自己；重要的不是决定，而是决定背后的动机；有些问题永远找不到答案，但仍值得思考；大胆地怀疑自己，坚定地肯定等。作为教师也可以尝试对自己、身边的教师教学行为进行批判分析。清代张潮说："善读书者，无之而非书，山水亦书也，棋酒亦书也，花月亦书也。"

有些教师会感叹没有时间读书。《荀子·劝学》云："学也者，固学一之也。一出焉，一入焉，涂巷之人也。""全之尽之，然后学者也。"在急躁、功利化的社会中，许多人不是没有时间，而是不愿意使自己平静下来，静静地看一看、想一想目前的社会和自己的处境。美国一项统计调查关于使用移动网络与固定宽带的比例与收入的关系，表明使用移动互联网占比高的人口，整体收入较低。

2011 年的江苏省高考语文作文题目是"拒绝平庸"。不避平凡，不可平庸。为人不可平庸，平庸则无创造，无发展，无上进；处世不可平庸，因此要有原则，有鉴别能力，要坚守底线。拒绝平庸的命题作文，既是对学生积极向上价值观的考查，同时也应该成为所有教师的座右铭，激励更多教师，将更大的热情投入工作，拒绝平庸，取得更好的业绩。马云说不要羡慕别人的成功，那是牺牲了安逸换来的。万丈高楼平地起，要想取得丰功伟绩，还需要从最基础的工作做起，从提高自身的素质做起，热爱读书吧！

重要的不是治愈，而是带着病痛活下去。

——阿尔贝·加缪《西西弗斯的神话》

中小学教师呼唤学术型领导

有一篇网络文章《普通老师想当校长有多难？》。文章列举了普通教师做到校长职位需具备的条件，如教学水平、写作能力、管理能力、人际关系、经济基础、格局视野、气场派头、工作态度、应对各种场合的能力、心态、机会等。文章最后指出：无论从普通教师做到校长职位有多难，都要心存希望，因为只有心存希望才有当上校长的可能性，否则，连希望都不存在。笔者把这篇文章推送到某一教师群中，请教师评价，得到了教师的积极回应，100% 的教师认为在胡扯，80% 的教师认为做一个普通教师也是挺好的，超过 50% 的教师认为具备上述要求中一半优点的就是一个好领导了。教师们的反映，既是对原文作者观点的批判，也是对现状不满的表现。

假设有 50% 的校长满足上述所有条件，那么某些学校的教师专业发展就不会是如今举步维艰的境地了。在中小学教师专业发展中，既需要自身不断努力学习，也需要有良好的外部环境。良好的外部环境包括学校的研究氛围、学校领导的支持、学校学术氛围，其中最主要的是要有学术型校级领导的带动与支持。在某些地区，中小学校级领导班子中属于学术型领导的比例大约占 20% ～ 30%。甚至在一些学校的校级领导中，没有一位具有较高的学术称号或头衔，没有像样的带动全校大部分教师参与的国家级、省级的课题，没有领导挂帅的课题、项目等。一些学校行政领导与本校具有学术领衔能力的普通教师关系比较微妙，行政领导是全力支持具有学术头衔的普通教师，还是防与控？在没有学术型领导的学校，一些具有学术头衔的普通教师感觉是“墙内开花墙外香”，在学校存在感较低。领导的学术水平有限，那么领导对话语权的控制会更牢固一些。有些时候会出现“教而优则仕”的现象，这总比教不优则仕要好得多，但一些教而优则仕的领导仍然被广大教师评价为“是一个优秀的班主任，不是一个合格的校领导”等。当然我们应该给干部成长的时间，希望他（她）能够尽快弥补担任校级领导的领导才能不足部分。但是没有学术背景的领导冒充学者，会带来一系列问题。如某些学校不经学校学术委员会讨论，就决定增加或减少某些科目的课时、决定学科的备课组长和教研组长人选，干涉某些科目的具体教学行为等。作为校级干部，该做的有引领课堂教学研究、指导集体备课、挂帅课题研究等，但一些单位往往只会发文提出要求，限期完成，而不能给予指导。要求教师成为研究型教师，校级领导自身不研究，怎样以身作则？

学术型领导又称为学者型领导，一般是指在综合性或专业性学术上有一定造诣、有较深厚而系统的专门学问的人。干部的选拔一贯坚持的是德才兼备的原则，突出政治标准，干部是为人民服务的干部，需人尽其才，贵在用其所长。政治标准和品德等的优秀往往需要通过其言行来显现出来。任何片面的先入为主的判断都是不恰当的，如一些外国人认为中国人很恐怖，因为中国每个人都会功夫。学术型领导的“才”体现在哪里？体现在教学水平、写作能力、管理能力、科研能力等方面。

学术型领导应着重抓学科发展方向，研究课题的选定；审议研究计划，课堂教学评价和实验方案的论证，研究成果的鉴定；帮助扶持教科研、制定激励政策、经费分配，以及人员晋升、学术带头人培养和选拔，对教科研工作进度进行控制和检查、交流探索学术思想，总结上报科研成果，等等。学校开展的教育科学研究如果着力于教育教学方面，着力于教育的微观改变，着力于基层一线，进行切实的实践研究，必有益于学校教育状况的改善，必有益于学校教学质量的提升，必有益于学生的发展。

从学校领导班子的分工来看，最应成为学术型领导的人选应该是分管教学、教科研的校级领导，他们和教师的专业发展关系密切。身为学术型领导，对教师会更有影响力、说服力，更能成为普通教师发展的榜样。每个学校都有学术型领导，应该成为学校发展的标准配置。有的教师说，跟着学术型领导去做研究，领导在吃肉的时候，参与的教师至少有一口肉汤喝。没有学术型领导的学校，当然可以通过其他措施弥补。这些需要外部环境、变革观念和自身努力等去实现引领广大教师的目标，实现中小学校的良性、可持续发展。

领导班子中应配备学术型领导。著名的高中，有的校级领导干部基本都是学术型人才，少数还没有成为的学术型人才的校级干部被上级或学校领导班子要求提升学术称号或荣誉。相反，在另外一些存在感低的学校，所有的校级领导全部是行政型领导。第一类学校往往是良性发展、第二类学校则相反。上级行政部门在进行学校领导干部配备时，是否考虑到此因素，不得而知，但从学校发展来看，应该需要考虑这一因素。某地推出了领导干部“双培养”机制实施办法，“双培养”指的是“把特级教师、正高级教师或教授培养成领导干部”和“把领导干部培养成特级教师、正高级教师或教授”，具体成效和影响还需要时间来检验。

落实广大教师的期望，希望有学术型领导。学术型领导具备学术领导水平，包括方案论证，发展方向探索，专题研究，学术研究，学风培植等。中小学的学术型领导不能仅限于理念方面，更要肩负广大教师发展需求，要有教学指导、论文撰写、课题研究、教师发展等方面相应的才能。大多数青年教师常常感叹，不会写论文，不会做课题，这需要一些个性的指导，更需要学术型领导的示范与引领。某地一位农村乡镇的高中校长，连续多年参加特级教师、正高级教师的评审，屡战屡败，屡败屡战，最终在参评 5 年后终成正果。要知道，正校长的评审与普通教师评审是分开的，正校长和教研员加起来所占比例在该省一般不超过申报总数的 20%，难度可想而知。但是这位校长以自身的行动表明了其学术追求，而不是满足于做个行政型领导。校级领导不断提高管理水平和管理艺术的同时，还能实现教育教学领域的学术发展，本身就是对广大教师最好的引领示范。

提高学术机构的地位。现在的学校制度基本都比较健全，关键问题是在制度的执行上。例如教研组作为学校基本教研单位，教研组的活动是具备了学术气质，还是沦落为备课组级别的研究课堂教学的具体知识点、研究学生错误的层次。教研组的教研水平、层次可以通过其开展活动的内容看出来。提高对教研组活动的重视，也是提高其地位的重要方面。另外，很多学校有学校的章程，有学术委员会，要让其充分发挥价值，而不能沦为形式，或沦为行政的附庸。有的学校学术委员会从公布名单到换届，没有一次实质的活动，成为一个标准的虚设机构。要提倡学术自由的风气，倡导开展各种层次、内容的教学研究，需要切实重视，提高学术机构的地位。

营造学校的学术氛围。学校的学术氛围需要多层次来打造。某一位退休的校级领导在回学校后，遇到本校一位学术领衔人说："你的成就都是靠你自身努力得到的。"这其中蕴含多重意味，一是这位领导不邀功、不求教师回报；二是这个学校的学术氛围不太理想；三是学校领导支持力度不够，等等。学术氛围的营造主要靠行政推动，学校的学术氛围需要外部推动、自身变革、行动落实等。这其中如何营造学校的学术氛围，一是领导重视，把这项工作当学校的常规工作来抓，要从根本上改变一些学校的局面，靠管理上挖时间、增大工作量来提高学生成绩，已经不合时宜，徒增师生疲惫感。二是给教师发展的时间与空间，教师需要闲暇，用闲暇时间来思考。整天忙忙碌碌，静不下来，要不千头万绪，要不一片空白，历代的哲学家很多都生于富裕家庭，因为他们更有机会接受教育，不需要为生计奔波，不需要考虑生活成本，有时间来思考我是谁、到哪去、干什么等问题。三是发挥内外合力。既要请一些与一线教师教学联系密切的专家进学校，传经送宝，解决教师发展中的疑难，也需要挖掘校内土专家的活力，让其充分发挥带动效应，发挥身边的榜样作用，对这些土专家来说，既是要求也是激励。有些领导对学校学术领衔的普通教师采取防与控的策略，一方面广大教师对学术领衔人采取的是仰视的态度，同时也可能感觉学术领衔人与我无关，没有对我产生什么影响；另一方面，教师也是敏感的，也会感觉出领导对教育科研的真实态度。而有学术型领导存在时，一般教师对不担任领导职务的学术领衔人态度可能会不同。四是落实学术规范，发挥各教研组、备课组的职能，充分激发广大教师的研究愿望，辅以政策激励。

第二章

教育管理

如果一个人必须完成一件自己不喜欢的事，最好的办法就是尽快做好，然后结束。

——陈丹燕《起舞》

教师为什么不愿意监考

近年来，在一些中学，教师考试监考问题慢慢浮现出来。每逢考试，一些教师尽其所能躲避监考，领导想方设法抓壮丁、补齐监考人员。教师为什么不愿意监考？

关于校内考试的监考

教师的职责是教书育人，一般教师的工作包括研究课程标准（教学大纲）、研究教材、备课、上课、批改作业、学生的学业或心理辅导、监考、阅卷、完成学分登记等工作。不同学段的学校都会有期末考试，有些学校还安排阶段性的月考、期中考试。考试是对教学情况的检测，大多数教师也认为监考是自己的本职工作，因此不存在监考意愿方面的问题，教师参与监考理所当然。但这其中存在两个问题。

一是考务安排的公平性问题。校内考试的监考一般是以年级为单位进行，打乱自然班，对全年级的学生进行重新组合安排考场。从理论上来说，只要从事该年级教学工作的教师，都有义务参与。按理论计算，任教一个班，一个班的学生差不多被分为两个考场，应该参与两次监考，任教二个班，应该参与三到四次监考。但是，如果按理论来分配监考工作量的话，大多数教师都会有意见。一般高中学校每学期大约进行两次月考、一次期中考试和一次期末考试，其中月考，只考部分科目。任教科目不考试的科任教师，要不要参加监考？有些考查科目，如心理、音乐、体育和美术等不需要进行笔试，是不是这些教师都不需要监考？还有一种安排监考人员的方式，安排考试需要占用某些教学时间，如果考试需要两整天，是否安排这两天上课的教师来监考？这种方法也有它的道理，因为正常的教学时间计入各位教师的工作量，只是把本来的课堂教学变成了考试监考，这样是否会造成更多不公平的现象？如某个监考教师监考了很多场考试，但他任教的学科并没有参加考试；而任教学科参加本次考试的，可能监考的场次很少。关于教师为什么会斤斤计较？会在别的文章中进行详细的分析。但是作为学校管理者应该思考，如何减少教师斤斤计较的事情，减少教师之间、教师和领导之间的相互猜忌和不满，这也是学校工作能够顺利开展的一个重要方面。有些学校对校级领导、中层干部、部分考查学科的教师不安排监考，理由是领导公务繁忙，考查学科教师往往从事跨学科年级的教学。少数人不监考，必然造成另一批人的负担过重，这就形成了一个公平性的问题。

二是考试过程中的巡考问题。每一学期的 4 次较大型考试，领导更重视的是考试结果中校际的差异和校内差异，对考试过程并不十分关注。在监考长达两个小时甚至三个小时的过程中，干部巡考不积极或者基本没有巡考。巡考的任务到底是什么？检查教师监考情况，监督考试纪律，如果仅仅是出于这样的心态进行巡考，说明头脑里只有管理意识，没有服务意识。巡考过程中也可以解决一些突发事件和监考教师某些临时突发性的需求，例如，上厕所等。从事行政工作不仅是实施管理行为，也需要服务心态和行为。

自从 2009 年教师实行绩效工资制度，中小学教师的工资，比以前有了显著的提高。教师的收入结构彻底改变了，以前工资占比少、奖金占比多，现在工资占比多、奖金占比少。也就是说，以前的学校领导在调动教师积极性方面有很大的余地，而现在，用金钱来调动教师完成某项工作的余地没有以前大了。考务安排的公平性问题在许多的学校，一直放任，迟迟不予解决。教师需要的是一个相对公平的安排，而不是逃避监考任务。解决问题是需要智慧的，例如有些学校对每学期进行四次考试，进行了统筹安排。大约需要考多少科目，总共需要是多少监考教师，平均每位教师要监考几场，让教师有一个调整的空间和余地。同时组织各科目教师协调、协商，明确各科目教师的监考任务，同时明确校级领导和中层干部也应该承担部分监考任务。对不同科目教师进行相互之间的协调，解决教师相互猜忌的问题。问题的解决也可以通过重新分配、调整资源。例如，有的学校对每学期进行的几次大型考试的监考任务，按照时间长短折算成代课量，计入绩效工资。不仅解决了监考场次多少问题，也解决了监考时间长短不一的问题。在平时的考试监考过程中，一些教师的态度不端正，充满了怨言去参加监考，监考过程中存在许多不规范的行为和举动。在巡考过程中没有做到相应的照顾，只会让一些教师自认为倒霉，这对教师团队文化建设是不利的。在考试监考工作量安排相对公平的情况下，出台关于巡考制度的硬性规定，每半小时或某段时间必须巡回一次，有关部门加强监督、落实。每次考试后，由监考教师对巡考情况进行反馈，逐步形成合理、规范、人性化的巡考机制。

承接来的考试监考难题

现在的学校除了对自己的学生进行检测考试之外，也承接了国家级、省级的考试，如每年的高考、高中学业水平考试（会考）也会承接。还有一些考试，如各类职称考试、成人高考、自学考试等考务工作。特别是一些考试安排在周末，已经影响了教师的家庭与生活质量。如果说校内考试安排教师监考，教师也认为是自己教学工作的一部分，只存在量多和量少的差异，即使教师的监考意愿不高，但还是可以强制进行安排，监考工作还是能解决。对于纯粹外来的、承接来的考试监考工作，对某些学校领导来说，安排监考却是一件非常棘手的事情。很多教师对这类承接来的考试，唯恐躲避不及，考试即将来临的前半个月，甚至更早时间就找到各种理由、借口进行推脱，不参与这类考试的监考工作。学校领导和普通教师之间的矛盾，是源于对这项工作理解上的差异，一些学校监考安排得不到教师的理解。

从领导角度出发，承接外来的考试多是上级有关部门的安排或者是相关部门的委托。如果是教育行政部门的安排，那么作为行政命令，必须坚决执行。如果是相关部门的委托，可以增加教师的收入，密切学校与相关部门的情感联系。从教师角度出发，教师拒绝或排斥有以下几个原因：

一是教师承担风险和思想压力。为了提高对某项考试的重视，每位领导在考试部署动员会上，都会反复强调某项考试是国家级考试，要端正监考态度，严守监考纪律，否则可能要受到行政处分，甚至开除公职，等等。这种强调，虽然可以提高教师的重视程度，但对更多的教师来说是一种恐吓和必须承担的风险和思想压力。在监考的过程中，保持十二万分的专注，不得不重视，思想压力过大，全程精神高度集中，体力付出很大，思想压力很大。有些社会性考试，还存在着某些考生对严格管理的监考教师有报复行为。许多教师秉承着多一事不如少一事的态度，干脆不参加这类考试的监考。

二是教师承担的体力负担。外来性的考试考试时间一般

2～3个小时。有些学校为了提高教师重视程度，教师需提前一小时或者半小时，赶到考务办公室。在收卷装订环节还要万分仔细。在考务办公室，试卷还需要多环节的检查、复核、再复核、装订检查、装订，等等。往往考试时间2小时，考试前后的时间也有1～1.5小时，现在考场都会有各种监控仪器，规定各个时间点应该做些什么，不能出错。还有的考点要求，两位监考一立一坐。基本上一整天监考的教师，晚上大多会处于半瘫痪状态，并且连续几天高强度的监考，再加上连续半个月甚至20天的连续上班（因为考试而调整上课时间），严重透支着教师的体力，加重教师的思想负担。

三是监考的回报。与学校内监考学生不同，承接外来性的监考都会有考务费。学校内考试的监考，虽然场次多一点儿，但思想负担轻、压力小。一般外来性考试都安排在周末，不仅监考需要的时间长，强度大，并且不会安排补休。从本地区来看，大概每场考试的监考费用是100元，如果本地区教师的月平均工资按五千五百元计算，平均每月工作22.5天，每天的平均工资约为244元。加班的费用一般为正常工资的200%，每天加班的费用应该是500元左右。但实际一天两场监考，大概能收入200元。时间往前推，20年前教师的月平均工资大约只有800元，而每场考试的监考费大约是30元～50元，所以当时许多教师主动申请监考。但时过境迁，如今教师的收入比 20 年前增加数倍，监考费用仅增加 1 ～ 2 倍，所以许多教师不愿意参与监考，从经济角度解释也是可以理解的。

四是考务安排的公平性。与校内考试不同的是，对于外接来的考试，学校往往需要庞大的考务队伍。只要参与监考或者其他考务工作，考务费大家平均分配。虽然工作轻重、重要性等有所不同，但是考务费的分配往往都是吃大锅饭——平均分配。但如果考务人员过多，势必造成人均费用降低。在某地区有所学校某一次考试需要监考教师的人数是 32 名，但参与本次考务的工作人员有 22 名。教育部透露，2020 年全国高考将设考场 40 万个，安排监考及考务人员 94.5 万人，可见某些基层学校安排众多考务人员的做法多么夸张。

破解承接来的考试监考难题

结合领导和普通教师各自对承接外来考试的态度，监考任务最终还是要分解落实，由教师来完成。为了破解教师不愿意承担考试监考、监考人员缺乏的难题，可以尝试从四个方面进行破解。

一是减轻监考教师的思想负担。每次考试都有一些基本要求，特别是国家级的考试，如高考以及高中学业水平考试。考试的监考责任重大，本来监考教师就带着很大的思想负担。在这种考试的动员过程中，考试的重要意义由考务主任指明即可，不需要每个工作人员都来重复。我们试想一下，如果学生参与这种考试，各科教师会反复强调考试重要意义之类的话吗？在考务工作会议上，应该更多强调的是关注考试的环节、细节、流程。并且需要在考试过程中，对监考人员应多爱护、多关心、多提醒，而不应加压力、增负担。换句话说，考点的组织者说了100遍，如果出现问题也不可能把责任全部推卸给监考教师，也许还会得到教师的反感。考试组织者应该更多疏解监考教师的焦虑情绪，让教师在监考时能够感到心情舒畅，而不是心情压抑。有部分地区，重大考试每次都会评选优秀监考员，让教师带着积极主动的心态去工作。这种从正面引导的做法，会让监考教师提高自我要求，对考务工作顺利完成，起着积极的、正面的引导作用。考试组织者和监考人员一样，都有焦虑的情绪，但反复强调出了错会怎样，只会加重双方的焦虑情绪。但作为组织者，完全没有必要把焦虑情绪传递给一线的监考人员。做好监考人员的心理保障，疏解他们的焦虑情绪，代之以愉悦、轻松的心情，鼓励监考教师做到无差错，争取获得优秀监考员的称号。

二是减轻监考教师的体力负担。对于承接来的考试，都不会安排补休。监考教师经过 2 ～ 3 个星期的无休工作，体力负担基本达到极限。应有弹性地安排监考教师休息半天，如果不能做到补休的话，应该想方设法减轻教师的负担，有些负担是无法减轻的，如考试阶段必须全神贯注。但考试前后的一些工作，还需要考试组织方动些脑筋，努力去减轻监考教师的负担。在有些学校对试卷的清点和复核要反复多次，曾经有人问清点复核人员，你担任过这么多次考试的清点复核工作，有查出错误吗？回答是没有查出错误，那么你的工作是不是没有成就感？广大监考教师如果认真负责的话，所谓的清点复核工作重复多次，这只会徒增教师的体力负担，认真做好一次清点复核，胜于形式上的多次检查。如果清点复核工作重复多次，教师以为即使犯错也会查出来，反而会放松要求，双方的不信任造成双方增加更多的事务性工作。

三是提高监考费用。减轻监考教师监考的思想压力，以愉悦心情参加监考工作，一个方法是提高监考的费用。以学生参加江苏高考为例，高考统考科目和学业水平测试选修科目考试，报名费为每人 20 元，考试费为每门 26 元，5 门共 150 元；学业水平测试必修科目考试，技术课程（信息技术）20 元，其他科目每门 15 元。这些费用到底去哪了？费用中包括组织报名、准考证、试卷的命题、试卷印刷、考场的安排及布置等多个方面，其中主要用于监考考务费用。如果高考每门课每位学生缴费中有 15 元用于监考考务工作，那么两位监考教师都可以获得 150 元的报酬。如果监考费能与 GDP 的增长相适应，教育部门适当增加每门考试的报名考试费用，当然是最好的结果，当然政府补贴也是一种形式。还可以考虑，除了正常的监考费用之外，学校以加班的形式再进行适当补贴，有些学校在这方面做了一些尝试，对缓解考试监考人员的不足，起了一定的作用。

四是增加考务安排的公平性。承接的考试一般都很重要，除了开源之外，也势必要考虑节流，减少考试的工作人员。虽然各个岗位缺一不可，但是很多工作是可以并行和兼任的。同时，不同岗位承担的责任也不一样，大锅饭、平均分配的方式是否可以进行优化，以调动教师的积极性。可以尝试给有不同意见的教师，分配不同的工作岗位，体会不同工种的艰辛。在必要的领导组织者之外，很多工作是可以进行岗位轮换的，不要形成领导天然做后勤等工作，中层干部清点试卷工作，而一般教师只能承担监考工作的分工。除此之外，还可以实施考试监考的轮休制度。在现实中，我们会发现，认真的监考教师是比较胆小谨慎的教师，而这些教师往往每次考试都是监考人员，这不表明这些教师没有意见，这是典型的欺负老实人的做法。如果说上级行政部门下达必须完成的考试监考任务，从理论上来说每个人都有义务和责任完成本校该项工作，但总不能盯着几位或十几位胆小老实的教师进行长期的“祸害”。

对于一些可接可不接的外来考试，作为高中学校应该有充分理由拒绝。本来高中教师的工作负担就比较重，高中的每学年都要进行高考及高中学业水平考试等各类考试。各级教育考试院往往也是盯着高中，“折腾”高中教师，而初中学校往往承接的考试只有中考。一些社会性的考试，如将自学考试、成人高考放在初中，这是各级教育考试院应该要思考的问题。

监考只是学校工作中一个小的环节，但对教师的心理影响比较大的。学校领导反复强调某某无小事，那么在学校管理过程中，对于监考这类工作，是不是也应该仔细思考怎么缓解教师的压力？怎么缓解领导和普通教师之间的紧张情绪？当然，如果你是教师，你应该明白监考也是社会性的工作，需要我们对学校的工作进行支持；如果你是家长，应该知道教师的工作也是丰富的、纷繁复杂的；如果你是管理者，请尽可能站在教师的角度考虑。

生活不可能像你想象得那么好，但也不会像你想象得那么糟。

——莫泊桑《一生》

教师需要怎样的培训

每个学期及寒暑假，广大教师除了参加校本培训，也要参加一些国家级、省级、市级、县区级的培训活动。但是我们注意到，大多数专家作报告时，台上培训者滔滔不绝，头头是道；台下听众鸦雀无声，大多数都在低头刷着手机，有的甚至戴着耳机，偶尔还有一些教师在交头接耳。教育行政部门和教育研究机构非常重视的教师培训出现如此状况，是什么环节出了问题？

教师需要培训

首先，现在中小学的教师基本拥有本科学历，有的教师拥有硕士、博士学位，但学历并不能等于教育教学能力。其次，即使有经验的教师，每隔几年也必须要去面对课程的改革，现在进行的培养核心素养的改革已经是第九次课程改革了，需要面对教学内容的不断调整。对自然科学的教师来说，教学内容也会随着科技发展更新。再次，每一次的课程改革，不仅是教学内容的改革，也是教育目标的细化或侧重点调整，更主要是教学方式的改变。一个人拥有很高的学识和素养，是否一定能够把自身所具有的学识和能力，传递、教授给他人？从这个方面说，教师的教学能力是教师职业的根基。最后，教师要承担教书育人的职责。不仅书本会变，更重要的是人会变。做过教师的基本都说过，现在的学生和以前的学生有怎样怎样的差异。80 后和 90 后存在不同，00 后和 10 后也会存在较大的差异，这与我们经常说的“代沟”意思差不多。对学生的思想教育、品德教育、行为教育的工作，虽然几十年来教育的内容几乎是相同，但是随着教育对象的改变，教育方式差异越来越大。不仅要了解青少年的心理特征，更需要研究社会和科学技术发展条件下青少年的心理特征和思想动态。该如何对他们进行教育，这是需要教师不断学习的。

为了保证教师要不断地充电学习，国家规定，作为教师，必须每年完成一定的继续教育量。教师执业不仅需要教师资格证，而且教师资格每隔 5 年需要审核认证。在教师资格认证中一个重要的依据是继续教育。教师每学年必须完成 72 学时及以上的继续教育量，其中校本培训每学年 24 学时，市区级及以上培训每学年 24 学时，网络培训每学年 24 学时。教师为了教师资格的审核和认证才去参加培训吗？

在有的专家培训过程中，会出现大批量教师不专心的情况。但当教师在进入教室观摩课堂教学时的状态则完全不同，甚至对讲课教师的提问次数、提问了多少学生、说的每一句话等都会有记录。教师对观摩课堂教学后的点评同样非常重视，观点、理念的碰撞交流也很常见。

带着完成任务的心态参加培训，可能就是为了得到一个及格或者合格的基本要求，这就可能出现出工不出力的现象。为了专业发展或参与评选而参与培训，这是一个提高性的目标，当培训内容适合教师需求时，就会出现孜孜以求、甘之如饴的状态。如果参加培训的教师是为了丰富自己，掌握更多的学科知识，提高自己的教学能力，强化教师职业认同，加深对教育的理解，丰富对教育的认识，这就是一个最好的参训状态。“天下熙熙皆为利来，天下攘攘皆为利往”，这是从利益的角度来解释，丰富自己，提高教育教学能力，也是对学生负责的体现。

教师需要的培训

教师的专业知识包括学科知识、教学能力、教育能力等，这是塑造完整的个体——学生，对教师职业的要求。这也是教师职业的特质所在，不是每个具备专业知识的人都能胜任教师的岗位。教育是培养社会接班人的事业，接班人中有少数是精英，更多的是普通的劳动者，作为普通劳动者也需要具备正确的价值观念、必备的品格和关键能力。所有劳动者都需要具备一些现代科学知识，成为合格的社会公民。教育不仅是人才发展工程，也是高素质劳动者的培育工程。

首先，教师在执业前虽然已经具备了相当丰厚的学科专业知识，可以以“会当凌绝顶，一览众山小”的姿态俯视所教学科，但教师仍需要对学科知识进行更新、扩容。同时也要对一些跨学科知识做一些了解。虽然历史事实、科学事实等可能 100 年都不会变，但人们认识社会、认识科学的方法和态度，可能会发生变化。例如语文教师，是不是把教学考试大纲中规定的基本篇目熟读熟记，他的阅读面就够了？除了语文之外，还需要了解一下现代科技发展，要阅读更多的古代文献和现代的科技发展文章。

其次，教学能力是教师的重要基本素质之一。二三十年前，对教师的要求是能够把知识点讲清楚，能够正确地传递给学生。当时的教师基本采用讲授式教学，这样的教学方式放在当下，是不受学生欢迎的，因为学生已经发生了变化。要应对学生的变化，教师的教学能力也应该有所变化，才能在课堂教学时吸引学生。90 年代的高考试卷基本以考查知识为主，目前的高考试卷在考查知识的基础上，更强调考查能力。传统的文科“背多分”、理科“练考讲”已经不能适应当前教育对学生能力考查的方式和要求。教师在传授学生学科基础知识的同时，也教给了学生解决问题的思维和方法。思维和方法很难教，但这也体现了教师的教学能力。人不学就要落后，有些教师认为教学质量等同于学生的成绩，如果学生的成绩不错，那么教学就没有问题了？学生成绩的取得与多方面因素有关，不能一有成就就全部揽在自己身上。靠教学中大量“练考讲”的教师现在的新名字叫“教霸”，有的教师教学的确有成绩，但是教学的效率很低，并且影响了其他学科的正常教学，这样的“教霸”完全站在一个学科教师角度，而不是站着一个教育工作者的角度去思考教育与教学。教师在培训中对课堂教学的关注度最高，尤其是让课堂充满思维量，怎样设置有思维的问题，教师对有思维含量问题的探究永无止境。

最后，学校是铁打的营盘，流水的学生，铁打的不变的还有教师。如果从事教育工作35年，他足以见证社会发展对青少年价值观念、个性品质的影响。不同年代出生的青少年的心理特征在逐渐发生变化。计划生育导致的独生子女问题和以前的多子女的教育有显著不同，现代青少年对社会、家庭、学校的态度，与多年前的学生表现有所不同，以前对学生的教育方式和方法，现今不能照搬照抄。现在对学生的教育，需要通过多种形式，调动学生的参与，在行动或活动中进行教育。

一些骨干教师或者基层的学校领导，需要跳出学科教学，重新认识现代教育，明确自己的责任。明确社会对教育的需求和目标，审视自己的教育和教学，观察身边有关教育的人和事，从国家、民族和未来的角度，落实教育目标，从教育评论家努力转变为教育实干家，担负起培养未来社会建设人才的重任。

合适的培训者

从目前来看，大学教授等大学教师、各级教研员、各地市的优秀教师往往是担任教育培训的主体。一般基于学科内容的培训都受到热烈欢迎，基于中学教师的某些困惑，对学科知识进行解读和分析，为学科教学把关。但是我们也看到了很多大学教师，在面对中小学教师时，更多的是在传播教育的理念，但不能联系具体学科知识进行拓展和延伸。理念的传播需要结合特定的内容和行为，结合一定的学科知识。如果仅仅传递抽象的理念，没有通俗的讲解和实例，大概是做到了以其昏昏，使人昭昭。对中学自然科学的教师来说，一些实验中的常见问题或学科疑难问题，基于学科知识或者中学实验手段无法解决，这些需要大学教师或者其他机构的专家进行指导。但是对一些专家来说，中小学教师提出的问题没有营养，不具有应用价值，不屑于进行研究。教师提出的问题，专家不能解决，专家提出的问题又依赖于教师去面对、去解决。每一次这样的培训，中小学教师都感觉接受了一堆很难或几乎不可能完成的任务，感觉自己几十年的书都白教了，徒增一些挫折感和自责感。

作为中小学一线教师，的确需要补充一些教育理论。近几十年来，各种各样的教育理论和学说纷繁复杂，各种教育理论上的名词，让一线教师摸不着头脑。我们看到一些大学教授或机构的专家，经常或每隔几年更换一种教育学说。如果这些理论是由这些大学或教学机构的专家自己研究、发现，并且经过亲身实践论证出来的，进行推广，以期获得更大程度的普及，也无可厚非。但是我们发现这些理论或学说更多是来自于国外，如快乐学习或者快乐教育，在提出快乐教育的国家，已经有学者提出快乐教育是失败的，但是目前国内还有些地方，仍在根据专家的建议实施快乐教育实践。某些专家将国外各种各样、稀奇古怪的教育理论，引入国内实践。如人本教育在国外都没有得到很大范围的推广，但在国内许多地方都有专家指导进行这类教育的实践。这些专家通过学习国外的理论，并在国内传播，专家也许收获了很多，但是他们有没有想过替中小学一线教师想一想，他们收获了什么？还有更重要的是我们的学生，被当作实验品，收获了什么？近几十年来，基本没有一种本土化的教育理念或教育方法能在较大的范围内实施。陶行知、李吉林、斯霞等的教育理念，在目前，也需要与时俱进，得到研究实践和发展，这些应该是专家需要认真做的事情吧。

实施分层培训，做到因材施“培”。如果一个专家能结合教师的生活或者教学实际，作案例讲解，论证有力，结论可信。专家在演讲中既有观念、理论，又有教育教学的实招，再辅以语言抑扬顿挫、生动幽默的语言，与培训者有意识地互动，这样的培训，应该是受欢迎的。而一些所谓专家，往往自我陶醉，沉醉自己的演讲中，毫不顾及被培训者的感受，这种情景很像一些大学教师给学生上课的情景。为什么会出现这样的情况？语言抽象，不够通俗，不能为教师提供实际案例，如果是对一线教师进行这样的培训，大概只能起到走过场的作用。为一线教师进行培训的最佳培训者应是学科教学论专家、各级教研人员和各地优秀教师。他们一般都能基于各学科基本特点或者根据学科课堂教学，进行一些理论的阐述，发表一些观点，也许并不能形成一些理论的建树，但这些人员能从中小学教师的角度来说明问题、现象，并提出实践的思路和办法，这样的培训更有基础性、实践性、草根性。从他们的培训来看，不仅有理论，也有实践，更最主要的是理论与实践相结合。仅仅有理论，没有实践支撑，这样的讲故事式培训是不受欢迎的。但仅仅有实践而没有理论，这样的培训层级又不高。

如果说中小学每个学科教师对学生的教育是平面的教育，各科教师一起对学生进行教育，则是一种立体的、完整的教育。专家给教师进行培训应该是平面的教育还是立体的教育？实际上很多理论专家给教师进行培训，只是线的教育或者点的教育，从这个角度出发，覆盖面很小，到底更应该谁向谁学习？

早成者未必有成，晚达者未必不达。

不可以年少而自恃，不可以年老而自弃。

——明·冯梦龙《警世通言》

佛系教师

佛系，网络流行词，该词最早来源于2014年日本某杂志介绍的“佛系男子”。2017年起，“佛系青年”词条火遍网络。该词衍生出“佛系追星”“佛系学生”“佛系饮食”“佛系教师”等一系列的词语。其中比较让人吃惊的是“佛系学生”和“佛系教师”。佛系的含义本是一种知足常乐，不争不抢，处事泰然的生活态度，作为一种文化现象，有看破红尘、按自己生活方式生活的一种生活状态和人生态度之意。后来佛系演变为一种怎么都行、不大走心、看淡一切的活法，成为一种消极的生活态度和方式，“佛系教师”变成了对麻木的教师一种较为时尚的称呼。

教师的佛系体现在以下几个方面：对于犯了错误的学生，不敢批评；对于领导的批评，坦然接受，又无动于衷；与同事同行，缺少专业上的交流与互动；对于学校布置的任务，不考虑质量，只保证完成；对于学校组织的活动，只保证人到场而心不在，人在曹营心在汉。对于学校的奖金方案分配等涉及自身利益的事情，也基本不表态；尽可能避免与家长打交道。当然还有一些教师伪装成佛系，在遇到与自身利益有关的事情的时候，会主动发声，但对其他事情漠不关心。

如果一个学校佛系的教师比较多，或所占比例偏高，则说明这个学校教师对学校认同出现了问题，学校开展的活动参与面、参与度存在问题，不利于营造教师的成长氛围。这其中有多种原因，可以从佛系教师自身、关联对象、环境等因素考虑。首先，教师发展遭遇到瓶颈，较长时间无法解决，转变为佛系教师。教师需要不断学习、提升自己，教师的学习可以是自学，也可以通过参加活动，在活动中汲取营养，提高自身的专业知识水平和教育教学能力。但是有些教师在专业发展上，由于存在某方面的不足，某项学术荣誉和要求成了一个瓶颈，在几番努力之下仍没有改善，而转变为佛系教师；一些教师在成为高级教师以后，在学术或行政上，感觉没有盼头，便放松了对自我的要求。佛系教师并不是先天的，一般都是曾经努力，遭遇到不断的失败，感觉没有奔头才转变为佛系教师的。其次，对学校管理的参与度低。一些校长会宣传“教师是学校的主人”，但是主人是不可以管家或参与管家的。一些学校出台的各项规定，往往缺少多数教师的参与，教师对学校的各项规定只有单向接受，陷入被迫无奈接受的境地，渐渐地远离了参与学校管理的角色，同时也会对某些规定产生抵触情绪。再次，教师的形象没有得到正面的维护。大部分教师还是十分注意自己的形象的，不仅要在学生面前表现出积极正面的形象，也希望在同行中留有好印象。教师勤奋努力取得成果，当然希望获得学校管理方的肯定，但有些学校评价的方式和方法，仅仅对少数人进行表彰，忽视了大多数教师的感受，甚至有些教师在公开场合被点名批评。例如教师节，在有些学校和地方演变成了优秀教师的节日，和普通教师基本没有关系。从事教育的人都知道，教育教学要关注全体学生。但在有些学校，管理者没有认真去落实关注全体教师。最后，在独生子女时代，教师对学生的教育畏手畏脚，放不开手脚。当代少数学生心理脆弱，大多数家长对教师职业有高要求，这些集中到教师身上，导致一些教师不愿意与家长多联系，以免增加更多的负担。同时，即使在学生犯错的情况下，不敢也不愿意处罚学生，明哲保身。众多教师中当然也存在极少数表面佛系的教师，他们在学校不专心教学，比较热衷周末、寒暑假补课，对学校的活动、规定制度安排也无暇顾及或不屑顾及，这些另当别论。

佛系当然也会存在一种选择性。教师对学校很多活动、制度、规定采取佛系态度，不代表教师对教学也是佛系的，教师的佛系不能与教师不负责任、不思进取画等号。大多数教师对于教学工作，还是相当重视的。即使有些教师对其他事物、事务漠不关心，但教师一般都会在意学生的成绩、学生的评价以及家长的感受。教学是教师安身立命之本，是教师的职责所在。课堂是师生互动的天地，和很多规章制度无关。还有一种选择性佛系，这是由于教师和领导的关系不和谐造成的教师暂时的佛系。每位教师的专业发展都是阶段性的，不可能都是一帆风顺的，在中间都会经历一些挫折。影响专业发展的因素很多，包括教师与领导的关系。

我们也看到一些教师，原本在学校相当活跃，积极参加各项事务，专业发展前景良好。但是更换了领导以后，这位教师变得比较佛系，不再积极参与学校的各项事务，专业发展也停滞不前。当再次更换领导以后，这位教师可能会重新活跃起来，专业发展迈上新台阶。暂时性的佛系，在不同的学校都可能会出现，学校毕竟是铁打的教师，流水的校长。在每个学校，我们不可能看到每个教师都是积极向上的，总有少数教师看上去对学校各项事务不关心，属于佛系教师的范畴。但如果一个学校佛系教师过多，这所学校整体文化会逐渐丧失，多数情况下表现得死气沉沉，每个人只专心完成自己的任务，对集体事务漠不关心。如何调动教师的积极性？减少佛系教师的数量，是每个教育管理者都要思考的问题。

首先，教师从事的是育人的工作，学生作为成长中的人，未成熟的人，不可能不犯错误。对于犯错的学生，教师有权进行批评和教育。学校管理者应当做好教师权益的维护，支持教师的合理、合法的教育行为，不推诿、不逃避责任，做教师教育工作的强大后盾。最近，教育部发布关于对学生惩戒的实施意见，正在征求意见，不久的将来会逐渐实施，从规范、制度的角度为教师合理、合法实施惩戒，提供了制度支持。学校在开展德育活动中，还必须也应该进行挫折教育，增强学生的抗挫折能力，同时开展多样的活动，增强学生的理性思考，避免学生间的突发性暴力事件。近几年，我们频繁看到学生对教师实施暴力行为的新闻报道。部分舆论不批评学生，反而指责教师一定是犯了什么错误才导致学生采取过激的行为。某些舆论偏离了社会的公平正义，加重了教师的心理负担。学校不能影响整体社会氛围，但可以营造校内氛围，加强惩戒、减少暴力等的教育和引导，把问题解决在萌芽状态，必须增强学生的法律意识，生命价值意识，增强学生的理性思考能力。通过家长委员会、家长会等各种形式，家校联手，学校和家长一起，锻造学生优良品德。

其次，学校管理者对不同类型的教师应该采取不同的措施，确保每个教师在学校都有存在感。作为教师，总会有闪光点和优秀之处。但金无足赤，人无完人，作为学校管理者，要善于了解每一位教师的长处与不足。不能一味对教师进行批评，这很容易让一些教师产生自暴自弃的心理，甚至对领导的批评，无动于衷。对教师的不足之处，不论从学校整体或者领导的个体，都可以进行适当关心，积极推荐参加各种培训，以及给有志于发展的教师配备导师，让教师在专业上获得成长。对于存在问题较多的教师的优秀之处，学校管理者也不要吝啬表扬之词，该表扬的表扬，该批评的批评，但是批评尽可能私下进行。同时，学校布置的任务，尽可能少占用教师过多的时间和精力，减轻教师不必要的负担。郑重、精心地组织学校的活动，减少一些形式化的活动，保障教师参加活动的心情，确保每次活动有成就感。对学校各项制度的出台，尤其是涉及奖金分配方案等涉及教师切身利益的制度，要保证程序合理规范，尽可能调动更多的教师参与和表态，增强教师的主人翁意识。

再次，教师的佛系是大多源于专业发展瓶颈。教师的专业发展包含两个路径，一是评选优秀教师等学术或综合荣誉；另外一个是职称的晋升。由于目前学术职称的晋升采用缺位填补方式，由于学校没有空缺的高级职称岗位，造成许多教师尤其是大量的中学一级教师，等老教师退休，才能进行缺位填补。一些教师感觉职称晋升遥遥无期，产生了等待或放弃的心理。有些地区在职称评聘方面做了一些改革与尝试，在现有岗位之外推出了创新岗位，送出一部分高级教师岗位和一级教师岗位，对缓解教师职称晋升难起到一定的作用，但是仍存在粥少人多的现象。竞争不可避免，仍然存在，作为学校管理者要鼓励教师，积极准备，与同事同行，多一些专业上的交流与互动，多参加教育科研方面的活动和评比，为专业发展积蓄能量。

对佛系的教师，处理方式也应该遵循教育的原则。对佛系教师的处理方式与对不思进取的学生的处理方式基本一致。在大环境无法改变的情况下，减少佛系教师的数量，可能需要在学校层级或者教研组层次创造积极向上的研究氛围。教研组层次，让教师更多地参与、更深入地参加省市级教研活动和学校教研组的活动。在学校层级，增加教师参与学校制度建设的参与感，减少一些不必要的形式，增强教师的主人翁意识，让教师体会到主人翁应该有的权利和应尽的义务，有效减少和避免教师佛系心态的出现。在微观层次，需要学校管理者或者中层干部、教研组长对每一个教师都有个性化的认识，能对每一位教师提出恰如其分的评价和发展目标；要了解每一位教师，及时对每一位教师提供帮助与指导。用制度的手段，文化的感染，贴心的指导，积极向上的教研科研氛围，让佛系教师重新积极参加活动，以开朗、积极、乐观的心态对待学习和工作。

我认出风暴而激动如大海。我舒展开来又蜷缩回去，我挣脱自身，独自置身于伟大的风暴中。

——里尔克《预感》

教研组长的窘境

先说个笑话，某中学在中层干部竞聘基础上，推出了竞聘教研组长。除了某一个教研组有两人报名之外，其他教研组都只有原教研组长一人被迫或被动员报名，竞聘的结果只有一位教师落聘。活动结束后，教师纷纷猜测，推出教研组长竞聘，就是因为某领导不喜欢某位教师特意安排的。

之所以说它是个笑话，其一，竞聘首先得有竞争的对象，从竞争对象中选择其中最为优秀的一位或者几位。如果没有竞争，谈不上竞聘。其二，对教研组长岗位实行竞聘，鲜有耳闻。既然学校中层干部能实行竞聘制度，为什么教研组长就不能实行竞聘？既然是竞聘，不是指派，广大教师应该有竞聘或不竞聘的选择权，报名的人数太少了，说明这些岗位缺少魅力和吸引力。这种情况的出现，实际上是目前中学教研组长处于窘境的反映。

教研组长的职责

有人说班主任是教育系统最小的官，那么教研组长可以算是教育系统最小的吏。教研组长没有明确的权限，承担似乎有边际的职责。教研组长的职责一般规定有这样几个方面：团结带领本组教师认真学习党的教育方针，引导教师端正教育教学思想，提高理论水平和业务水平；确立本教研组建设的近期和远期目标；根据学校工作计划，讨论制定本组教学计划，期末做好工作总结；组织本组教师学习教学大纲，明确教学目的和任务，研究确定教学方法和措施，落实教学常规；检查指导备课组工作，督促教师钻研教学，不断改进教学方法，提高教学效果；按计划开展教研活动，拟定每学期教研安排，安排教学观摩和研究课，做好听课、评课和总结提高工作；进行相关课题研究和组织项目实施，并做好记录和总结；组织和指导教师开展第二课堂及学科竞赛活动，做好拔尖补差工作；组织和审定各年级期中、期末试卷命题工作；完成分管领导布置的其他工作。

教研组长职责，从事务型和智慧型来区分的话，上述所列事项中大多数属于事务型工作，对于教研组长所承担的对本学科学术业务研讨和教师发展考虑的不足。职责偏向于事务，未考虑智慧的价值，重量不重质，这可能是管理者从考核角度出台的措施。

教研组长的待遇与考核

教研组长价值如何体现？是通过教研组长的待遇体现，是通过教研组长的表现体现，还是通过考核评价体现？教研组长价值最主要通过以下两个方面体现：做了哪些有价值的事，培养哪些人。事务性的工作大部分人都可以完成，教研组长的价值更主要是通过他的智慧体现出来。如果这种价值表现出的待遇只相当于中层干部待遇的四分之一，这种智慧是非常廉价的，不能体现智慧的价值和智慧的辛苦。如果完成事务性工作就可以获得相同的待遇，何必费尽周折、脑洞大开、辗转反侧、千辛万苦去努力呢。在教研组长的考核中，事务性的考核权重相当高，而对发展性和智慧性的考核相对比较低，以此来评价教研组长的工作，只会助长形式主义，对放眼未来、思考未来，踏踏实实做事的教研组长来说是不公平的。

教研组长话事权和话语权

教研组长的基本工作主要有两项，一是带领本学科教师进行学术研究，包括研究课程标准，落实教学常规，提高教学技能，指导教师学术科研。二是培养本学科的青年教师和有发展潜力的教师。实际上，教研组长承担了很多与学术无关的行政事项，如对本学科教师的日常工作进行提醒，浪费不少的精力和时间，有时甚至变成一种徒有虚名的行政组长。教研组长有发声的权利，例如针对本学科教师课务人员的意见，向上级提出建议，对本学科课时安排提出建议。但在一些领导眼中，这些建议仅仅是参考中的参考。曾经听到这样一件事，某一位教研组长在完成高一教学任务后，下一个学年被安排到高二两个学习基础相对薄弱的班级教学，在该教研组长与分管教学的副校长交流对此问题的看法时，被告知他的高一教学成绩较差。领导说的教学成绩差，依据哪几项数据？即使有差距，一定是他的责任吗？这位副校长连教研组长都不能信任，在该学校，他（她）还能信任谁？当某些学科的教学周课时变更的时候，仅由学校办公会议讨论决定，让全校遵照执行，在此决定的前后，教研组长完全没有话语权，教研组长已经成为一种摆设，只能说明这个学校还是有“比较完善”的教育科研体系，教研组长有没有话语权，反正是局外人看不到的。

校本教研的无奈

在某市的一所学校，在开学时有三位资深教师不肯继续担任教研组长，学校只能临时安排中层干部兼任。一方面因为这三位教师对教研组长工作不再感兴趣，另外一方面是因为他们对现行校本教研现状的无助和无奈。

各级教育部门对教师的培训、校本教研、教师的自我学习和提升构成了教师发展的重要三个平台。各级教育部门对教师的培训有继续教育学习学时，对教师还有一定的吸引力。教师的自我学习提升和每位教师自我觉悟、发展阶段等有密切的关系。而校本教研夹在其中，成了某些教师敷衍以对、草率行事的场合和机会。领导对教研的重视不能仅仅放在学校政策方面，更要看各教研组的执行力度。不是每次教研组活动，有校级干部或中层干部监督，就可以说明该教研组的工作到位。每次教研活动要关注其形式和内容，形式上人员是否到齐，时间是否充足，这些没有多少实质的意义。在内容上要与本学科的教育或教学有关，研究的可以是学科知识类的探究，也可以是教学方法的研究，也可以是教育技术的分享，还可以是主题式、项目式的研究和探讨，把宝贵的时间浪费在学生如何差，发泄学校措施的不满上，这样的校本教研可以休矣。

教研组长不仅要承担对本学科教学的指导责任，还要承担教育科研的责任。应该说，教研组长应该是学科把关教师或资深教师的角色。教研组长应该以自己严谨的教学态度、孜孜以求的科研精神，努力去感染、影响其他教师，并在教研活动中，对学科知识、学科教学、学科发展、课程标准等组织教师进行深入的探讨和分析，以及对于学科相关的课题及项目进行研究。在某些学校，教研组没有足够实力的教师，造成教研组的校本教研时经常会研究教学进度等事务性工作，脱离了校本教研的初衷。如果校级领导能意识到某些学科校本教研的现状和水平，从外校、教育部门邀请学科专家等参与某些学科的校本教研，这对某些教研组长来说也是一种解脱。

在一些学校，往往有一些校级领导负责的课题，还有各种教研组负责的研究课题。校级领导参与负责课题的研究，是学校营造教育科研氛围的重要保证。青年教师的成长，不仅需要不断地锤炼课堂教学技能，更需要提升表达能力，如论文写作和课题研究，这两方面都需要学校和教研组提供重要保障。如果一个学校没有领导负责的课题，仅有少数教研组申报了某些市县级课题，一是教育科学研究的水平无法得到保障，二是参与教师的面也不会很广，三是让教师觉得课题研究可有可无。上行下效，上不行，下不效，造成校本教研的空洞化、务虚化。

教研组的另一个使命是对青年教师、骨干教师的培养。一是需要教研组长的引领，二是需要教研组有良好的研究氛围。三是激发青年教师、骨干教师的奋斗精神。在教师成长过程中，要对教师成长中的点点滴滴进步及时进行表扬。表扬不仅限于备课组、教研组，更应该在校级层面或更高级别。有学校推出了弘扬“四个不计较”活动：工作轻重不计较，地位高低不计较，荣誉有无不计较，待遇多少不计较。姑且不论其中的“地位”指的是什么，把这种无我、忘我的精神和斗志强加在所有教职员工身上，特别是发展中的教师，如何体现激励性？某些青年教师在大环境的熏陶和小环境的教育下，把这种无我、忘我的精神演变成了佛系心态；工作轻重不计较，演变成能推就推；地位高低不计较，演变成我地位低，什么都可以不做；荣誉有无不计较，演变成荣誉多的多做，无荣誉的不做或少做；待遇多少不计较，演变成把教师当成一种谋生的职业。要防止青年教师成长中心态的变化，不仅需要相关的管理人员掌握一些心理学知识，还需配备相应措施，让每个海拔高度的花儿都能够美丽绽放。

每一个微笑背后都有一个厌倦的哈欠。

——福楼拜《包法利夫人》

中小学管理中的官僚现象

在政府推行政务服务中心及电子政务后，政府各部门对企业、公民实施的综合服务水平有了明显的提升。对外窗口的服务在明显改善的同时，有些基层单位内部甚至呈现出更多的官僚化现象。中小学校作为教育系统的基本单元，一般情况下，中小学校规模不会太大，学校的管理层级一般较少，上情下达、下情上达的通道应该是通畅的。但是在许多中小学校，校级领导基本不上教学第一线，了解情况靠汇报，决策部署靠臆断，解决问题靠命令，完成任务看文案。虽然中小学校规模不大，普通教师感觉到的却是等级森严，办事要在多部门之间周旋，一些决策部署有头无尾，有些决策遭到抵制，只能勉强进行，领导和教师相互之间不信任，等等。

官僚，意指官吏，官僚表面上是制度与权力的执行者，本质是一个社会的利益管理阶层。官僚现象表现在：脱离实际，独断专行，不按客观规律办事，主观臆断瞎指挥；脱离群众、不了解下情，高高在上；满足现状，饱食终日，无所作为；遇事推诿，办事拖拉，不负责任；讲求官样文章、繁文缛节等。官僚现象是不负责任领导作风的体现，是剥削阶级思想和旧社会衙门作风的反映，有命令主义、文牍主义、事务主义等表现形式。要想做实事就必须拒绝官僚主义，拒绝官僚作风。

原因剖析

官僚现象是自古以来，中外都存在的现象。自从有了社会分工，就产生了代理人代表所有者进行管理的情况。官僚现象有严重和轻微之分，在公共部门和企业中都存在。中小学校一般被认为是清水衙门，这只是代表这些单位的财权不够大，有领导和一般职工（员工），就有所谓的事权，就需要有一定的管理，管理中必然会产生官僚现象。中小学校管理中的官僚现象和历史传统、考核评价机制、管理人员的素质、事务的多少、学校的管理层级等都有一定的关系。

历史传统的影响。中国是有着几千年封建制朝代的国家，儒家文化已经深深融入中国人的血液中，儒家提倡的“天地君亲师”的等级制度，培养了人民的等级意识。中小学校作为社会机构，学校若缺少有力的监督，管理者在工作中表现出官僚行为和官僚作风不可避免，一般员工对此存在怨言，但管理者掌握着事权和财权的分配，对于临时的利益分配不均，大多数人会选择逆来顺受，这和一些企业员工有所不同。对于岗位、职位的担忧和顾虑，一些员工虽然有怨言，但选择了沉默，这反过来助长了管理人员的官僚作风。校级工会应该是员工的娘家，但只有有限的监督权和部分事项的决定权，有些工会参与单位的管理，夹在管理层与一线员工之间，成为受气桶。

考核评价机制的影响。现在一些地区，校级正职干部由上级教育部门考核，造成这些管理者对上级负责的意识强烈，报喜不报忧，以至于上级管理部门并不能具体了解学校的真实情况。而校级副职干部有一定倍数的绩效工资待遇，自带光环，一般为普通教师的 1.5 倍以上，旱涝保收。上级教育部门考核领导班子时，往往附带一定的物质奖励，而这部分奖励，大多数学校分配给全校教职员工。在领导干部的考评中，有些教师基于利益的考虑，往往不能真实反馈学校管理中的问题。同时每年上级部门和学校工会组织对校级干部和中层干部进行考核评价，全体教师参与对所有干部的评价，但奇怪的是从来没有那个部门在教师层面公布测评的结果。即使是学校工会组织对中层干部的测评结果，也从来没有进行过公开。而且，作为中层干部，绩效工资部分的待遇按不低于班主任的标准执行。但实际上，只有少量中层干部的事务要多于班主任，不论事务多少，中层干部基本是按正职、副职来区分待遇。班主任待遇分基础和考核两部分，在考核部分，班主任之间存在一定的差距。而中层干部的待遇与考核无关，执行定量标准，干多干少、干好干坏一个样。

管理人员素质的影响。理想的管理者应该具有德才兼备的品质。以往的官员基本上是学而优则仕，现在年轻干部的选拔注重德才兼备，逐层培养。在干部培养过程中，由于管理岗位事务的繁忙，少数干部的管理水平迟迟得不到发展；同时，有少数干部对管理、教育的认识不够深刻，造成管理水平与职位的提升不匹配。虽然教育主管部门十分重视其领导才能的提高，但仍然有少量管理人员素质不佳，在决策中脱离实际，独断专行，不按客观规律办事，主观臆断瞎指挥。如个别学校的教学安排，如对考试成绩差的学科增加课时，对一线教师的解释是“我们和其他几所学校一致”。这不仅是遇事推诿，不负责任，更是没有自己的办学主张。每个学校都有自己的校情，不能把跟风作为行事的理由，缺少对教育规律的思考。甚至有个别学校，对教师提出的调课、监考任务等问题，中层干部和校级干部答复口径竟然不同，还有的把上述事宜推脱给教师，“你能找到人，就帮你解决。”这样的答复充分表明某些管理干部的素质，造成了干群之间的不信任和关系紧张，不利于后续工作的展开。

事务繁杂造成的影响。学校的任务是培养有理想、有道德、有文化、有纪律的德智体美劳全面发展的社会主义建设者和接班人。学校的主要职责是提高学生的各种素养和发展学生的身心健康，学校理应是一个纯粹的学习、生活的场所。社会各部门的各种教育活动进校园，如环保教育、财经教育、足球教育、国学教育等进入校园，造成了学校成了微缩版的社会。各种活动、考核、评比使学校的事务比十年前增加了一倍以上。学校的各管理部门逐步分解任务，出现硬性摊派、指定专人完成的现象，遇事推诿，办事拖拉，不负责任，讲求官样文章、繁文缛节等现象屡屡出现。事务众多的另一个影响是管理部门满足于完成各项任务，无主动作为精神，饱食终日。对教师来说，事务多，也会使部分教师疲于奔命。学校部门众多，很多部门管理者虽然不属于干部身份，但普通教师经常会因为某些具体事项与各种部门打交道。例如，如果某教师担任班主任，他的直接领导（或有事需要办理的隐形领导）包括：校务办公室、教导处、科研处、政教处、教研组、备课组、团委、学生会、图书馆、医务室、食堂、总务处，几乎带有头衔的人员都可以领导班主任，有些学校还设有年级管理部门，更是对班主任的工作进行直接领导。

学校管理层级的影响。中小学校的管理层包括正职校级干部、副职校级干部、正职中层干部、副职中层干部等。如教师外出学习，从申请外出、调课或代课、外出学习到最后学习回来报销费用，可能前后要找 2 ～ 3 位校级干部、2 ～ 3 位中层干部签字，流程复杂，并且签字不能越层，必须从低到高，而领导经常公务繁忙，有些教师可能因为要签字，找某一位领导多次，才能找到相应的领导。如果其中一位外出学习，只有等他回校才能去签字。管理层级多、事项多的现象也和一些学校的校级干部不上教学一线有关，他们以研究性学习、校本课程等非日常的课程教学代替教学任务。不了解学生实际情况，以致出现领导眼中学生都是可爱的、爱学习的，在一线教师眼中一些学生是调皮、顽劣的。同一所学校的学生，在领导和一线教师眼中的评价差异的原因在于一些领导脱离群众，不了解下情，高高在上。

改进措施

在北京十一学校校长李希贵的著作中，有两本书名分别为《学生第二》和《学生第一》。前者是从学校管理的角度，认为教师才是学校的主人，是发展学生的根本保证；后者是从学校承担的社会责任来说，学生是学校培养的对象，是学校立足的根本。我们评价中小学校的管理行为，可以从教师层面和学生层面来判断，有利于教师的发展还是学生发展，大部分时候两者是一致的，有利于教师和学生发展的行动和想法要鼓励和支持。要使学生有更长远的发展，归根结底还是要靠提升本校教师的教育教学实力。

中小学校管理者要有服务意识。我们看到一些学校，把原来的内设机构名称，从教导处、政教处等改成了某某发展处、某某服务处。内设机构名称的改变，有无改变其内核？是不是还在坚持原来的管理思想，有没有真正地树立起服务意识？如上述的教师签字问题，从服务的角度出发，每个管理层岗位都应该有AB角的安排，确保某一个职位管理者不在学校的时候，另外的一位管理者代为履行相应的责任，以减少教师的体力负担和心理负担。关键在于是从教师的角度思考问题，而不是从管理角度。俗话说“民之所好好之，民之所恶恶之”。要从根本上保持干群关系的和谐，除了管理之外，还要增加一些服务意识，增强学校的人文精神。

中小学管理者要有事业意识。对一部分教师来说，教师就是一种职业，是养家糊口的行业，少数教师把教育作为事业，这部分教师在学校工作中起着良好的引领和示范作用。但是作为中小学校的管理者，更加不能把管理岗位作为职业来看待，干部一定要有事业意识，不管在哪一个岗位，首先应该努力把本职工作做好，还应该有前瞻性。对硬性的规定要坚决完成，也努力实现一定的弹性发展。中小学管理岗位的干部具有事业意识就不会脱离现实，面对现实，思考问题解决方法和措施，就不会出现推诿扯皮的现象。中小学管理岗位的干部担任一线的教育与教学，以身示范，以亲身经历来不断提升自己的进取精神，同时对不合理规定与制度提出修改的建议和措施。中小学管理者冲在教育教学一线，就不会出现满足现状，缺少动力的现象，要切实树立事业意识和干事业的职责感。

中小学管理者要有沟通意识。有的教师说“想听到校长或主任的一句真心话真难”。在工作中，可能双方的出发点是一致的，但由于沟通渠道不畅通，对工作方式和实际执行的理解差异，造成某些措施或决策执行下来事倍功半，其中欠缺的是沟通。干群之间如果缺少沟通意识，双方的隔阂和误解越来越深。一方面，干部认为普通教师工作不努力、不尽心、敷衍了事、不负责任；另一方面，普通教师认为，干部发布的任务或举措，是基于其自身利益出发的，没有关注到一线教师的利益。从这点来说，如果双方缺少沟通，领导对普通教师会采取“防”的措施，认为教师工作不认真，对其实施像对待学生般的严格管理；而普通教师对领导会采取“忍”的办法。双方的想法会是二条平行线，不会出现交叉，这不利于工作的开展。中小学的各级管理者要切实深入基层，深入了解各个岗位教师的真实想法，帮教师解决实际困难，换取普通教师的拥护和支持，给教师以建议，积极进行分析和研究，对现行不合理的规章制度，进行修改。同时也把出台某项措施、决定的想法和初衷传达给教师，希望教师理解，并能够接受和执行。中小学管理者除了要有沟通意识之外，还需要有沟通的艺术，能够解决教师的困惑，或得到谅解和支持。如果缺少沟通的艺术，就会激化矛盾，不利于工作的开展和执行。

中小学管理者要有研究意识。教育是育人的行业，教育有其规律，在教育教学实践中不断地认识教育规律，中小学管理者要树立科学教育的理念，在实践中不断研究。中小学管理者首先要带头推进研究意识，对于各项决策和措施要有真实的证据，科学的论证，不能只是听听汇报，不了解真实情况，就做出决策部署。如曾经有一所这样的学校，1998 年左右在学校办公会议上，决定培养有发展前途的青年教师，总共列出三个层次共 12 位教师。5 年过去了，10 年过去了，这份名单中只有 2 位发展成为市级学科带头人，而没有进入名单的 5 位教师成了市级学科带头人及以上的学术荣誉的获得者。中小学管理者要成为学校教育教学研究的榜样和模范，带头承担教育教学的课题研究，更要在学校的发展规划等大政方针的决策中，充分展示出研究的意识和水平。

中小学管理者要有制度意识。人治已经不能适应时代的发展要求，建设法制社会成为社会的发展趋势，依法治校成为现今学校管理中必不可少的制度保证。中小学校的管理者应该也要有制度意识，要对学校的各项工作，进行仔细的梳理，对不合理的、不适应时代的规章制度进行修改，并且根据时代发展对新情况、新问题进行充分的研究探讨，广泛征求意见，建章立制。建立规章制度才能使各项措施有理有据。严格执行规章和制度，不论教师还是领导。在制度建设中，根据实际情况，讲究因地制宜，不能为了形象和面子，不切实际地制定一些制度。有些学校有每年评选 10 件大事的制度，某一年的一所学校评选上一年的 10 件大事，被其他学校教师嘲笑，因为其没有一件大事，评选出的是 10 件小事。制度建设不能变成面子工程，要实事求是，根据学校的发展情况，及时进行修改和完善，不生搬硬套，以免贻笑大方。切实落实校务公开，要明确哪些可以公开，哪些可以不公开，并适时执行到位。落实依法治校，是学校获得实质发展和内核发展的重要保证。

一个能够升起月亮的身体，必然驮住了无数次的日落。

——余秀华《荒漠》

班主任减负的路径探究

我国自1952年实行班主任制度以来，选聘的班主任既做学科教师又做班主任。2009年，教育部颁布《中小学班主任工作规定》要求“教师担任班主任期间应将班主任工作作为主业”。目前中小学担任班主任的主要是40周岁以下的青年教师，富有教育经验、具有高级职称的教师较少担任班主任工作。如何让教师愿意担任班主任是学校管理中的一个重要难题。

从90年代开始，社会对减负的呼声一浪高过一浪，国家教委、教育部多次发文，三令五申要求或重申减负。但是，对主要担任学生思想教育工作的中小学班主任的负担问题，社会关注不够。《中小学班主任工作规定》规定了班主任的职责和任务有：对学生进行思想道德教育、班级日常管理、组织班级活动、综合素质评价、学生家长与任课教师沟通等。但是在开始实施绩效工资的 2009 年起，许多学校闹起了班主任荒，超半数教师不愿意担任班主任。虽然经过学校各种组织工作、思想工作保证了班主任的配备，但靠学校领导做工作、依靠个人感情来完成班主任的配备，不是长久之计。据北京教育科学研究院的一项调查表明：83.1% 的班主任认为班级管理任务重，81.5% 的班主任认为工作量大。另一项调查结果显示，班主任每天平均用在班主任工作上的时间 4 小时以上。班主任工作时间长、强度大、负担重、内容烦琐、压力大，已成为普遍现象。

班主任的负担来源

随着社会的迅速发展，沟通手段的多样化、多元化，带来了信息泛滥，严重影响沟通的有效性。家长对孩子安全、健康和学业的重视，学校对班集体的重视，各种事项、要求推向班主任，现如今班主任工作量是 30 年前的数倍。

一是学校对班主任事务要求过细及舆论压力。在社会舆论包围中，学校升学压力直接传导给了班主任。早中晚对班主任的考勤提出要求，课外活动、大课间、班主任例会、年级学生会议等，班主任必须到场，有的还要求班主任在其他任课教师上课时巡课。全程监控式的班级管理制度也会助长学生见风使舵的心理。某些校级领导逢会就说“德育无小事”“万无一失，一失万无”等带有恐吓式的语言；或者说“没有不好管理的班级，只有不会管理的教师”等片面式的名言；或者说“在校期间，班主任是学生的法定监护人”等法盲式的话语。对于班主任来说，要陪十二万分的小心，祈祷千万不能撞所谓的红线，精神压力倍增。

二是学校职能部门的安排。如今，不仅有的高校行政色彩浓厚，部分中小学校职能部门人员官僚主义也很严重。工作基本上采取开会的形式解决，增加了班主任的精神负担和体力负担。例如，有的事务性工作，只需某些部门人员自己去相应的办公室即可解决问题，非要发个通知，要求全校班主任到某某部门填写表格、领取材料，增加了班主任的体力负担。

三是任课教师转移的责任。班主任与学生接触的时间越长，学生会认为班主任的威信和权力应该是班级所有教师中最大的，掌握学生的“生杀大权”，带来的负面影响是学生对其他任课教师批评教育的不认可，而任课教师自己不能解决，冲突与问题还是回到班主任那儿。甚至部分任课教师认为班主任是为自己服务的，有关科目的通知交于班主任，进一步加重了班主任负担。

四是学生家长联系的事项。现今几乎每个班级都有QQ群或微信群，家长与班主任联系频繁，但其中思想教育等方面信息少之又少，出现较多的信息如孩子个人物品的传递、接送信息的传达等。甚至，部分家长觉得班主任24小时在学校，晚上十点以后，有的寄宿生家长还会提一些要求，甚至还有家长半夜联系班主任的，班主任变成了全天候的保姆。

五是班主任自己家庭的压力。班主任的家庭生活需要时间打理，未成年子女、老人的生活起居等需要照顾。教师（特别是班主任）忙于事务性工作，自身再教育意识薄弱，不能对孩子进行持续关注和必要指导，导致有些子女处于小学或中学的教师坚决不做班主任。

班主任减负的路径

班主任的主要工作对象是学生，其他由学校、职能部门、任课教师、家长等造成的负担应该逐步减少，才能实现班主任有时间、有精力去思考班集体建设，考虑对每位学生进行个性化的指导。荣志君认为加薪并不能减轻班主任过重的负担，减负本质在于制度性地分解班主任的无限责任，建立起班主任工作的支持系统，班主任工作获得制度性、机制性分担。

一是班主任需主动提高心理承受力和业务水平。在多重压力下的班主任，如果身体不够强壮、精力不旺盛或心理承受力不够强，最终会离开班主任工作岗位。一方面要减轻班主任的外部负担，另一方面是提高班主任的抗压能力。英国作家、批评家罗斯金说过“为了使人们在工作时感到快乐，必须做到以下三点：他们一定要胜任自己的工作；他们不可做得太多；他们必须对自己的工作有成就感”。提高班主任的心理承受力，需要行政部门给班主任减负，让他们不可做得太多，降低班主任工作的体力强度，同时还应增加他们的工作成就感，这一减法与加法的实行，对提高班主任的心理承受力有积极的作用。同时，班主任也要学会自我减压，行动唯学生而非唯领导，唯教育而非唯命令，心胸开阔，海纳百川，容得下学生犯错。

“绣花要得手绵巧，打铁还须自身硬”，有些班主任看上去忙忙碌碌，但是收效甚微，而那些看起来不太费力又取得较好成效的班主任，他们在背后默默努力，他们找到了成功的“捷径”，班主任工作不应仅是“劳力活” 更多的是“劳心活”。“业精于勤荒于嬉，行成于思毁于随。”缺少思考的勤奋，结果可能是碌碌无为，专业水平处于停滞状态。班主任的工作压力不仅来自外界，也来自班级内部。培养具有管理意识和管理水平的班干部群体，可以减轻班主任日常工作的压力，也有助于培养学生的独立意识和完整人格。初任班主任应多学习魏书生的《班主任漫谈》、王晓春的《做一个专业的班主任》、万玮的《班主任兵法》等，学习班级管理的实招，在实践中摸索适合自己风格的班级管理经验。有经验的班主任学习哲学与心理学，加强学生问题诊断，提高问题的预判性，做到遇事沉着冷静、处理得当。

由于我国中小学班主任是学科教师兼任，各地教研室、教师发展中心等教研机构很少有专门的班主任专业教研员，班主任基本是野蛮成长，缺少有意识培养。不像学科教师可能终生从事某学科的教学，班主任无职业生涯，有的教师一辈子没担任过班主任，极少有教师一辈子担任班主任。许多学校在解决班主任荒时，实行轮流做班主任等办法，导致一批综合能力欠缺和经验不足的年轻教师担任班主任。现任班主任和即将担任班主任的教师，应积极参加教育行政部门及中小学学校举办班主任工作的专业培训，提高专业精神、专业理论和专业技能，掌握班主任工作所需的专业知识、专业能力、专业道德。有这样一句谚语“巧干能捕雄狮，蛮干难捉蟋蟀”，这句话说出了一个道理，做事要讲究技巧与方法。

一些地方为提高班主任的专业化水平，做出了尝试，如2008年江苏省常州市设立中小学名班主任工作室，开展班主任专业化培训活动，受到了班主任和青年教师的欢迎，对提高班主任业务水平起到了促进作用。

二是学校为班主任工作减负担责。“校”在夏朝成为教育机构，据《说文解字》解释，为木囚、交声。原意为木制刑具，在于匡正为人，交与教谐音，即含有教化之意。正人、教化意义的延伸、演变，使“校”逐渐成为专门化的教育形态。班级授课制的推广，班级成为学校的基本单元。班主任是班级管理的首要执行者，肩负匡正为人、教化的责任。汪志广提出应做好学校管理层面设计，通过变革学校行政组织、教师组织、学生组织和家长组织，实现给班主任减负。

班主任评价标准的多元化。一些学校对班主任评价考核体系不科学，各种量化的计划、总结的份数、班级纪律的分数、班级卫生的分数、运动会的分数、黑板报的篇数等；以智论德，班级各种考试成绩，一律因于班主任。班主任的各种考勤，实质是鼓励班主任的全程监控，鼓励班主任当全天候保姆。改革班主任评价的标准，关键是从班主任的核心工作入手，从班主任的职责和任务角度建立合理、科学的评价体系，而且必须经过班主任集体的讨论和同意，为班主任专心致志从事学生思想工作和营造良好的班风建立制度依据。

减轻班主任的体力负担。减少会议的数量和缩短会议的时间，能书面形式说清楚的事项，就不要开会，取消每周班主任例会制。每学期举办技能培训，提高班主任专业水平，倡导班主任实行“垂拱而治”的管理方式；举办学生干部培训班，增强班级学生干部的领导力，减轻班主任的体力负担。取消对班主任全程监控的措施，只要班集体走向正规化，学生的自觉性、自律性不断提高，就无须班主任时刻的监督。实行年级活动组织班主任轮换制，由班主任轮流负责全年级的活动组织，减轻班主任的体力负担等。职能部门增强服务意识，少让班主任跑腿、操心，能分解给其他部门的事项，绝不交于班主任办理。

减轻班主任的精神压力。在班主任的劳动强度大，待遇与付出不成正比的情况下，部分有财务自主权的学校，尤其是一些民办学校实施了富有成效的措施进行精神补偿，取得了一定的效果。杭州建兰中学 2017 年开始设置班主任节，提升班主任的幸福感。学校应每学年举办 1～2 次心理疏导培训，减轻班主任工作的思想压力。允许班主任某些时间可以不需坐班，增加班主任的闲暇时间，对班级问题进行思考与交流。

班主任工作中社会职责的分解。在班主任工作中，有一些社会职责，例如卫生、保险、防疫、安全教育、报刊征订、法制教育、校服征订、反毒教育等，社会化的责任应该采用社会化的方式来解决，不能图方便，一股脑把任务推给班主任。学校成立青年教师和学生组成的学生工作服务部，完成社会化职责和向有关家长的传递物品、信息的任务，减轻班主任的体力负担。例如，2004年北京广渠门中学成立了学生服务部，上海闵行区实验小学、北京市十一学校等学校建立了学生服务中心，将有关事务性工作不摊派到班主任手中，而由学生服务机构处理。

明确任课教师的管理职责。育人是教师的天职，《礼记》曰“师也者，教之以事而喻诸德也”。班级管理者不能只有班主任，班主任起的是牵线搭桥、沟通彼此的重要作用，必要时的决定作用。每个班组成以班主任为首的班集体建设管理团队，班主任是主要负责人，任课教师也对相关班级的管理负有次要责任，有些事务性工作可以由任课教师协助完成。这需要学校从制度上给予保障，既维护了班主任权威和主要负责人地位，又明确任课教师的责任。一些学校在班级管理主体上做了一些尝试，如河南南阳市第三十一小学实施AB角班主任制，同一个班级设置2位班主任；如新疆兵团农二师华山中学，实行班级组制，同一年级多位班主任共同管理多个班级，合并同类事项的处理；北京市古城中学，尝试集体班主任制，同一班级设置多位班主任，以1人为主。这些举措对减轻班主任负担有一定的积极作用。

家校合作调动家长的参与。目前中小学校学生中独生子女较多，随着社会发展，家长对孩子期望越来越高，同时，处于青春期的学生对家长的教育往往具有一定的抗拒心理，处于心理逆反状态，家庭教育中沟通交流存在障碍。一些原本属于家庭的责任，转嫁给班主任，增加了班主任的负担。美国《科尔曼报告》指出，教育不平等的根源首先在家庭及其家长对教育的参与，其次才是学校。应通过家长委员会和家长会明确家长职责，孩子的文明素养、道德水平等基本都是由家长负责。一些学校开展家校深入合作实践，如山东省临沭县第三实验小学开展家长义工进校园活动。一部分原本属于家庭教育的责任，要正本清源，恢复正常的家校合作轨道。

三是地方政府为班主任工作减负担负。切实落实中小学班主任待遇的有关规定。虽然《中小学班主任工作规定》中要求合理安排班主任的课时工作量，班主任工作量按当地教师标准课时工作量的一半计入基本工作量。但在实际执行中，对此文件理解存在一定的偏差，各地按自己的理解在执行。绝大多数教师并没有因为担任班主任工作而减少教学工作量。一些学校班主任管理工作量并没有纳入课时工作量，而是独立设置为班主任津贴；另一些学校班主任管理工作量纳入了课时工作量，数额上与班主任津贴也相差无几。部分地区进行了有益的尝试，如四川省成都市温江区探索班主任只担任一个班级学科教学，只管理一个班级的班主任管理模式，班主任的管理工作量按本校教师标准课时工作量计，教学工作量计入超工作量。

实施人性化举措，切实提高班主任的待遇与幸福指数。姚跃林认为专业化破不了班主任荒，教师专业化是必要的，解决班主任负担重、待遇低的问题，最简单的办法就是减负加薪。一些地区和学校，通过提高班主任物质待遇和精神激励的方式，以期提高班主任的幸福感。如杭州崇文实验学校按照一系列指标，对班主任实行五级薪酬，可获得 650 元至 3200 元不等的月收入，为班主任的奉献保驾护航。

目前教育体制下，班主任岗位与教学岗位相比较，班主任岗位评优评先机会并没有明显提升。《中小学班主任工作规定》要求，“选拔学校管理干部应优先考虑长期从事班主任工作的优秀班主任”，在干部年轻化和储备年轻干部机制下，班主任岗位与学校管理岗位之间的通道疏通缓慢。据某项调查统计，现任班主任中获得市级优秀班主任荣誉的比例只有 6.86%，获得省级以上优秀班主任称号仅有 1.96%。《中小学班主任工作规定》要求教育行政部门对长期从事班主任工作或作出突出贡献的班主任定期予以表彰奖励。在班主任队伍整体评优表彰机会偏少的情况下，一些地区进行了尝试，如浙江省温州市在全国较早实施了“三名”工程，“三名”

指名校长、名教师、名班主任，提高了广大教师从事班主任工作的积极性。山西省太原市、江苏省常州市等地施行班主任职级认定，推行班主任职级制度，并与职务津贴挂钩，调动班主任工作的积极性。

四是国家层面试行班主任专职化。美国教育制度中，有一个与中国班主任相当的角色，叫顾问或辅导员，美国的顾问是专职的、专业的，工作是帮助引导学生，发展个性。中国的班主任除了学科教学和班级管理之外，还承担着来自多方面的任务和压力。公办学校大幅提高班主任物质待遇，在职称荣誉评比等方面向班主任倾斜，增强班主任岗位吸引力，也会带来一系列问题，在学校工资总量不变的情况下，挪东墙补西墙，势必带来班主任与非班主任的对立，这只能说是治标的办法。治本之道，必须推动中小学班主任走专职化之路，把班主任从教学工作中解放出来，让全职班主任担负起学生指路人的角色。1985 年，李夏彬提出中学应设专职班主任。2017 年，冯建军提出专职班主任的培养。2018 年，杨小敏提出通过人员的专职化，全面提升班主任队伍的专业化。《中小学班主任工作规定》提出教育硕士学位教育中应设立中小学班主任工作培养方向，但时至今日，并没有这方面进展的相关报道。据有关调查，有 60.66% 的班主任认同设立班主任岗位专业技术职称，期望班主任工作能更专业化，完善专职班主任的管理模式等。

我国有约 400 万名班主任的庞大群体，应当在条件成熟的时候，设置中小学班主任的专业技术职称，使班主任职业有成长有阶梯。在《中共中央国务院关于全面深化新时代教师队伍建设改革的意见》的指引下，配合教师编制改革和高考制度改革等一系列政策的推行，对愿意转换为终生从事班主任工作的部分现任教师，进行班主任专业化培训和班主任专职化试点。在各级职称荣誉评审评比中，除设立各学科组之外，设立班主任组，从而为班主任的专职化消除制度障碍；随着班主任培养方向的教育硕士逐步进入班主任行列，逐步形成具有专业精神和专业素养、稳定的班主任队伍。

（原文发表于《教学与管理》2019 年第 5 期，有修改）

每个冬天的句号都是春暖花开。

——加缪《加缪手记》

班主任培训体系的建构

在中小学阶段，各个学科都有相应的教研组织，在每个市县区教育研究机构里都有相应的学科教研员。但是有一个特殊的群体，没有相应的教研组织，在市县区部门的教育研究机构的相关教研员一般是兼职的。这个群体人员很不固定，每年都有大批的教师进入或退出，这个群体就是班主任群体。

目前，班主任培训分为校级培训、省市县级教研部门的培训、国家级学会或杂志社进行的培训，不论从培训的数量还是质量上来说，与学科培训都不能同日而语。学科教研注重体系性，学科教师基本是终身教授某一学科，而班主任培训的系统性相对薄弱，班主任从业人员不固定带来培训的碎片化。课程方案与各学科课程标准在经历多次调整、改革，越来越具有时代性，而对班主任的要求没有与各次课程方案和课程标准改革与时俱进。另外，班主任参与培训的意愿和学习的积极态度，和学科专任教师之间存在较大的差异。

班主任职责与培训现状

1952 年国家教育部颁布《小学暂行规程（草案）》和《中学暂行规程（草案）》，明确规定中小学每班设班主任一人。1963 年、1979 年、1980 年、1988 年、1994 年、1995 年、1997 年、1998 年重修班主任工作条例或对班主任工作提出新的要求或保障。2004 年，教育部关于学习贯彻《中共中央国务院关于进一步加强和改进未成年人思想道德建设的若干意见》的实施意见中提出加强班主任队伍建设，制定《班主任工作条例》，完善班主任制度，充分发挥班主任在学校德育工作中的骨干作用，使班主任成为令人羡慕的岗位，鼓励优秀教师长期从事班主任工作。2009 年教育部重新修改并制定的《中小学班主任工作规定》全文仅 1381 字。教育部基础教育一司有关负责人表示该《规定》有 4 个亮点：明确了班主任工作量，使班主任教师有更多的时间来做班主任工作；提高了班主任经济待遇，使班主任有更多的热情来做班主任工作；保证了班主任教育学生的权利，使班主任有更多的空间来做班主任工作；强调了班主任在学校中的重要地位，使班主任有更多的信心来做班主任工作。2017 年，教育部印发《中小学德育工作指南》，提出大力促进德育工作专业化、规范化、努力形成全员育人、全程育人、全方位育人的德育工作格局，对活动育人、实践育人、管理育人、协同育人提出明确细化要求。多年以来对班主任工作的方式、工作目标、内容和要求都有了新的变化。但是，伴随着每次课程改革，班主任进行学生思想教育工作，班主任所需的基本素养，对学生教育方式和方法的变化，并没有能够及时体现出来。2010 年，中小学教师国家级培训计划——示范性项目实施方案提出班主任培训项目，组织对全国 1000 名中小学骨干班主任进行为期 10 天的集中培训，培训对象为小学骨干班主任 500 名（其中包括小学心理健康教育骨干教师 100 人），中学骨干班主任 500 名（其中包括中学心理健康教育骨干教师 100 人）。利用“知行中国教师专业成长扶助基金”组织对全国 10 万名小学班主任进行 50 学时的远程培训，提高班主任整体素质，促进班主任工作质量的提高。2014 国培计划——示范性项目提出骨干班主任研修，对 1000 名中小学骨干班主任（包括 150 名骨干少先队大队辅导员）和心理健康教育骨干教师进行为期 10 天的集中研修，提高班主任和心理健康教育教师的专业能力和素质。根据教育部发布的《2018 年全国教育事业发展统计公报》全国共有义务教育阶段在校生 1.50 亿人，专任教师 973.09 万人。全国高中阶段教育在校学生 3934.67 万人，专任教师 264.82 万。初步估算全国中小学班主任人数大约为 350 万到 400 万之间。每年国培计划参加人数与如此庞大的班主任群体相比，占比非常小。

班主任培训体系的建构

从基层学校管理的角度出发，班主任群体人员最好是相对固定的，但这仅仅是一厢情愿。班主任群体变化由各种因素决定，每年班主任群体的人员变化都相当大，这就造成了班主任培训管理等方面存在一系列的问题。但不能因为群体成员的变化，而消极应对。构建稳定健全的班主任培训体系，使不同类型的人员在上岗时尽快地进入角色，对有需求积极要求上进的班主任提供针对性的培训帮助，要重视培训体系的覆盖面和培训的针对性。

完善校本教研的系统性

班主任工作比学科教师的工作更加纷繁复杂。面对各种各样的学生，会出现各种各样、形形色色的问题，对学生的责任也最大，班主任付出的时间和精力也最多。在这种情况下，提高班主任的工作能力，也是减轻班主任负担的一个方面。作为基层的教育管理单元——学校的德育校本教研，对班主任的成长起着至关重要的作用。在某些基层学校，教育管理者往往对班主任布置任务多，要求完成的事项多，但对班主任如何完成，如何处理事宜，以及对班主任管理学生缺乏必要的指导和监督。学校管理者这种从事务角度处理班主任工作的方式和方法，会造成一些班主任应付上级检查的情况。班主任是中小学教师队伍的重要组成部分，是班级工作的组织者、班集体建设的指导者、中小学生健康成长的引领者，是中小学思想道德教育的骨干，是沟通家长和社区的桥梁，是实施素质教育的重要力量。学校管理者需要从表面上的任务完成情况，深入到班主任工作更为细致的方面，如有关班集体建设，中小学生健康成长，中小学生思想道德建设等方面，来观察实施素质教育的具体情况。这一方面需要学校班主任考核体系的健全和完善，更重要的是为班主任发展和成长健全培训体系，既重“用”又重“育”。在学校层级，除了关注具体的事务是否执行到位之外，更应该关注的是，提高班主任班级管理能力，这就需要针对不同阶段的教师采取不同的措施。如教龄不足 10 年且担任班主任工作 5 年之内的教师与担任班主任工作 10 年以上的教师，应该要区别对待。对年轻教师或者担任班主任资历尚浅的教师，要配备师傅进行指导，这个师傅可以是班主任，也可以是非班主任。师傅对年轻教师的指导应该以教育管理的技巧、方法、措施为主；对年轻班主任的培训要从学校发展角度出发，指导这类班主任进行自学提升，如班主任 36 计，班主任兵法，等等，同时安排各种各样的同伴交流活动，可以使这个阶段的班主任之间相互交流，也可以是老班主任对年轻班主任的指导。在管理要求上对不同阶段班主任提出不同的要求，对有经验的班主任培训，更应该从班级管理的艺术角度出发，适当减轻他们的体力负担。在培训体系上，提倡自学为主，同伴合作为辅，更要请进来，送出去，扩大班主任的眼界，开阔他们的视野。切实提高班主任的工作待遇，维持他们对班主任工作的热情。学校管理层应该健全不同年龄段的教师进行班主任工作培训的系统方案，形成招之即来、来之能战、战之必胜的过硬班主任队伍。

建立班主任培训的专职组织者、培训者

目前，各市县的教育研究机构很少有专职的班主任教研员。大多数负责班主任培训工作的都是某一学科教研员兼任班主任（德育）教研员。在某一程度上来说，德育工作比学科教育更为重要。由于缺少专门负责班主任培训的教研员，有关班主任培训的工作往往活动时间少、次数少、不成系列、缺少针对性，碎片化等现象严重。并且不同学段，我们对学生进行教育的侧重点是不同的。对小学生要进行文明礼貌教育，对中学生要进行合格公民教育，对大学生要进行人生观和价值观教育。教育中经常强调立德为先，立德树人，但最重要的德育教研员缺失，不能不说是我们现在德育工作的一个缺憾。建立专职的、对班主任培训的教研员，把德育和学科教学研究同样落实到位，经常开展培训研讨活动，提高班主任队伍的理论水平和实践能力。

提高重视程度与活动组织

教育行政部门，应该提高对班主任培训工作的重视程度，建立健全培训体制。在有些地方，班主任的基本功比赛和学科的基本功、评优课比赛获奖的待遇还是不同的。班主任作为立德树人的最直接责任人，理应受到优待，但在评优评选等各项活动中却不受待见。在某些地方这种情况已经有所改变，把班主任的各项比赛等同于学科教师的比赛，一视同仁，但这种情况还比较少见。在经济发达地区我们也看到在某些地区，教育行政部门为提高班主任的工作能力，激发他们的学习态度，开展了名班主任为领衔人的德育工作室活动，起到了积极的效果。有些地区，对班主任进行梯队评选的活动，如评选骨干班主任、高级班主任、特级班主任等，但是实践下来一个最多的问题是很多优秀班主任缺少公开课(班会课)，这和缺少专职班主任培训的德育教研员及评选规则有关。2020 年 4 月，江苏省教育厅提出，各地教育行政部门为小学、初中和高中学段分别配备 1-2 名专职德育教研员，承担德育课程教学与质量评价研究，这是一个可喜的进步和变化。

细化课程改革中对班主任的要求

从 2003 年到 2017 年的高中课程改革方案与学科课程标准，每次课程改革都会提出总的方案和要求，各个学科也会提出相应的学科课程标准。德育、班主任工作方面并没有配套相适应的工作方案和要求。当然，政府和各地教育行政部门会对德育制定跟进的、变化的要求。德育作为高中课程中的一个重要组成部分，高中课程改革方案与学科课程标准中应该有明确的要求，这其中应该分成两部分，一方面是各学科的德育要求，更重要的是班主任进行德育工作的要求。

探索班主任队伍的专职化

班主任担任学科教学和班级管理，推动中小学班主任专职化之路，可以把班主任从教学中解放出来，让班主任全职担负起学生指路人的角色。1985 年，李夏彬提出中学应设专职班主任，司占良、王健、司华锋、罗运富、冯建军、杨小敏等提出实现专职班主任的培养。各地在进行班主任专业化培训和班主任专职化试点上做出了有益的尝试。例如，2020年4月，安徽省教育厅发布《安徽省深化教育教学改革提高义务教育质量实施方案》和《安徽省新时代推进普通高中育人方式改革实施方案》。实施方案明确要求要加强班主任队伍建设，到2021年，设立德育职称评审序列，编制班主任专项发展规划。各地各校健全完善班主任培训、管理、考核、激励机制，每学年至少要组织1次班主任培训。班主任异地培训时间不少于1周，在绩效工资总量内对班主任进行倾斜，充分发挥班主任在育人方式改革中的独特作用。文件中提到，2021年，在各级职称荣誉评审评比中，除设立各学科组之外，设立德育职称评审序列，对加强班主任队伍建设起到了很好的保障作用。另外，随着班主任培养方向的教育硕士逐步进入班主任行列，将逐步形成具有专业精神和专业素养、稳定的班主任队伍。

第三章

课堂教学

可以选择才是真正的自由。

——凯文·凯利《科技想要什么》

对课堂教学模式的思考

中国古代大教育家孔子早在春秋时期就提出了启发式的教学原则，17世纪夸美纽斯提出了以“感知—记忆—理解—判断”为程序结构的教学模式，19世纪赫尔巴特提出了“明了—联合—系统—方法”的四阶段教学模式。20世纪20年代，杜威提出了实用主义教学模式，即“以儿童为中心”的“做中学”，其程序为“创设情境—确定问题—占有资料—提出假设—检验假设”。但中外教学的典型模式还是讲授式教学，其基本结构是“讲—听—读—记—练”。在20世纪50年代后正式出现“教学模式”这一概念与理论。

教学模式是在一定教学思想或教学理论指导下建立起来的，是较为稳定的教学活动的结构框架和活动程序。作为结构框架，突出教学模式从宏观上把握教学活动整体及各要素之间的关系和功能；作为活动程序，突出教学模式的有序性和可操作性。

改革开放以来，课堂教学的改革逐渐成为时代浪潮，它是对新中国成立后“以俄为师”教学方式方法的修正、补充和完善，是适应改革开放形势发展、现代科学技术发展和学生需要的教学改革。教学模式改革和创新的研究层出不穷，据《教学模式》一书的作者乔伊斯和韦尔 1980 年的统计，教学模式有 23 种之多，其中我国提出的教学模式就有 10 多种。通过知网等进行文献检索，教学模式相关的文献多达 53000 多篇，涉及的教学模式几百种之多。“乱花渐欲迷人眼，浅草才能没马蹄。”如此众多的教学模式让人眼花缭乱。

各种课堂教学模式是为了解决当前课堂教学存在的某些问题而提出的，当前课堂教学存在的主要问题有：课堂中教师主体地位过于突出；学生活动的自主性和主动性不足，未能体现出其作为课堂双主体之一的身份；学生活动的时间和思维的深度不足；教学方式和学习方式陈旧；学生活动的形式比较单一，或手段多样化但徒有形式缺少实质内涵；忽视情感态度、价值观念的培养等。如果课堂教学模式改革在实践中能够真正改善了以上一项或多项问题，也算有其存在价值、成功之处。目前有一些研究是提出新名词、玩概念式的改革，新概念提出之时，便是收割成果之际，中间并没有切实进行实践，玩虚假的课堂教学模式改革，提出者获得了名与利，而其他教师、学生、学校并无收获。

前些年较为有名气的课堂教学模式有“洋思模式”“高效课堂”“快乐学习模式”“杜郎口三三六自主学习模式”“衡水中学教学模式”等模式。近年来，又出现一批诸如“翻转课堂”“项目式”“任务单”“主题式”等模式。课堂教学模式名称纷繁复杂，除了上述有比较明确的字眼，让人有一些想象空间的教学模式之外，还有一些教学模式，如“5E”教学模式”“BOPPPS 教学模式”“PBL 教学模式”“TBL 教学模式”“SPOC 混合式教学模式”“1+2 教学模式”“HPS 教学模式”“PACE 教学模式”等，光看名称，令人百思不得其解。

课堂教学模式改革的评价

20 世纪以来，随着科学技术的发展，现代心理学、脑科学对人脑活动机制的揭示，发生认识论、认知心理学的研究取得进展，特别是系统论、控制论、信息加工理论等的产生，对课堂教学产生了深刻的影响。“一花独放不是春，万紫千红春满园。”各种课堂教学模式的提出，因应了时代对人才素质的要求，顺应了人类思维活动认知规律，结合了不同地域、不同发展阶段“因地制宜”的个性化措施，是对课堂教学方式和学生学习方式改革的尝试和探索。

课堂教学模式的理论基础。课堂教学模式是在一定教学思想或教学理论指导下建立起来的。首先，这些教学思想或教学理论应具有代表性，能够体现特定的教育教学目标。快乐（愉快）教育（教学）模式在中国有一个阶段极为流行，孩子们开心了，父母态度缓和了，家庭关系融洽了，孩子们可以任由天性发展，看似一派祥和的景象。据学者乔木对美国教育的观察，美国中下阶层在“快乐教育”培养下的孩子根本没有竞争力，长大后只能从事简单的工作，过着社会底层的生活，这样的教育目标显然不是中国大多数家长愿意看到的。其次，这些教学思想和教学理论应具有普适性，应该是在一定范围实践基础上提出来的，并能得到推广验证。人本主义教学观曾深刻地影响了世界范围内的教育改革，是与程序教学理论、学科结构理论齐名的20世纪三大教学理论之一。该流派不同于精神分析学派及行为主义学派，强调重视人自身的价值，提倡充分发挥人的潜能。但把人本主义作为一种教学思想使用，未免过于大材小用或者说过于宽泛，对实践的指导性不强。再次，这些教学思想和教学理论应具有与时俱进的特点，具有一定的“永恒性”。例如，有些学者提出，高效课堂教学模式是基于有效教学等理论，高效课堂是有效课堂的最高境界。有效教学理论既是描述性的理论，也是一种处方性和规范性的理论。有效教学的基本特征有：关注全体学生，关注教学效益，关注检测量化，进行反思教学，实施有效策略等。从高效课堂教学模式实施的方法策略和技术来看，并没有超越有效教学的几个基本要求，外人一般无法知道高效课堂的具体教学效果是否如提出者所言那样，也不知道这种教学模式需要坚持多久，才会取得高效。最后，这些教学思想和教学理论应涵盖双主体，既有对教师教的指导，又有对学生学的指导，而不能仅仅是对单方面提出建议、要求。学习过程中，学生的行为参与、认知参与和情感参与应得到充分的重视，教的目的是学，教是为了不教。通过学生广泛参与，不断得到启发，优化知识结构，才可能有所发现、有所创造。

教学模式要有较为稳定的结构框架。课堂教学模式改革要基于一定的教育教学理论，有了教学理论的支持，相当于具有了灵魂，或者说具有了“神”。但要形成一份能够执行并推广的方案，还需要具备一定的教学活动结构框架，或者说也要具备“形”。是道貌岸然，还是表里如一，还需要看“神”与“形”

是否具有一致性、和谐性，形神是否合一。教学模式从宏观上把握教学活动整体及各要素之间内部的关系和功能，需要特别关注教学活动设计与教学目标达成之间的关系。例如，任务单式教学是基于杜威的实用主义的教学模式，强调以学生为中心，做中学。“任务单”有主题、达成目标、学习方法建议、课堂学习形式预告，以及学习任务、困惑与反馈等。学生通过“任务单”中的任务驱动，“教师指导作用”通过学习指南、困惑与反馈体现出来。“任务单”强调任务驱动、问题导向，尤其是强调把教学重点、教学难点及其他知识点化为问题，让学生在问题解决中达成学习目标。综上所述，任务单式课堂教学模式，有较为稳定的教学活动结构框架和活动形式。

课堂教学模式作为活动程序，要体现有序性和可操作性。课堂教学模式不仅需要形神合一，作为一种活动方案，要有一定的活动流程。首先，教学模式要体现有序性。教学的有序性是指教学要符合按学科知识内在逻辑顺序和学生认知发展的心理顺序。要实现教学的有序性，要按学科知识内在逻辑来组织教学，建构学科知识基本结构；要按照学生认知发展规律来组织教学活动，明确教学要求；教学要保持一定的速度和难度等。例如，翻转课堂分课前设计和课堂设计，其中课前设计包括学习教学视频、课前针对性练习；课堂设计包括确定问题、独立探索、协作学习、成果交流、反馈评价等，有一定的操作次序。其次，教学模式要体现可操作性。教学的可操作性是指教学要满足特定环境要求、适合特定学科特点、符合学生认知水平、教师具备一定的技能和学术能力，可转化为现实操作的活动。例如B-SLIM教学模式，由教学计划及准备、输入、吸纳、运用、展演和考核等6个环节构成，但从2008年至2018年公开发表的48篇结合学科教学案例的论文中，英语教学的论文有47篇论文，其他科目只有1篇，B-SLIM教学模式似乎更适合语言学科的教学。有些教学模式在推广中要求学校全员、全学科参加，抱着一招鲜吃遍天的想法，但实行过程中的现实状况和理想的差距不是一点点。

课堂教学模式的实践与推广

每年都有一批课堂教学模式产生，同时也有一批课堂教学模式被放弃，能够坚持十年以上成熟的课堂教学模式并不多见。有些从国外引入的课堂教学模式，往往一开始华丽登场，然后一窝蜂学习实践，再然后就没有多少人气和声音了。有些国外引入的课堂教学模式本身并不成熟，引入者是抱着“崇洋媚外”还是“虚心学习”的态度，不得而知；有些国外引入的课堂教学模式与我国传统的教育理念相差较大，难以被一线教师接受；有些国外引入的课堂教学模式需要满足一定的环境要求，在地域广阔、经济发展和教育水平差异巨大的中国，很难获得较大范围的推广。我们看到，引入国外课堂教学模式最多的地区有上海、北京、江苏、广东等地区，这些地区开展的教学模式改革也最多，参与的教师也最多；而在内陆地区课堂教学模式推广时，参与人数较少，推行较慢、数量也比较少。

对待课堂教学模式的改革，需要抱着开放的心态，要有改革教学的勇气，要积极面对，大胆实践，要勇于面对过程中的各种问题。例如 2020 年新冠肺炎疫情期间，广大教师勇于当起了“主播”，实现了平时不愿意尝试的网络教学，并在当“主播”的道路上，不断反思改进，成了既有理论水平更有实践能力的“主播”。再如，张金磊等撰文指出，翻转课堂教学模式在实施过程中存在的挑战包括：学科适用性问题、学习作息制度的安排、教师专业能力、信息技术支持、学生自主学习能力和信息素养、教学评价方式改变等。后续的翻转课堂研究要努力克服以上问题，翻转课堂才能有持续存在的价值。任何课堂教学模式的改革在实施中都会发现新问题，需要的是坚守，不能因噎废食，需要不断调整改变，以变应变，进行真研究、真实践，获得真收获。

我爱这艰难又拼尽了全力的每一天。

——朴树《空帆船》

谈减少高考复习教学中的无用功

送走高三毕业生，看到高考试卷，很多教师的第一个想法是“我有什么地方没做到位？”一年年的反思，教师学科知识基础逐渐丰厚，教学逐渐成熟。按理说，教师教学水平提高，应该伴随着学生负担减轻和学业水平的提升，但是而后的一届届学生负担并未因此而减轻，反而有逐渐增多的趋势。反思高三教学，广大教师可能更多考虑的是应该如何做，而较少考虑不应该如何做。在高三复习教学中，广大教师更多地实施了教学中的加法，而对教学中的减法却重视不足，加法越来越多，有用功做得越来越多，无用功也越来越多，学生的负担也越来越重。

教学中的无用功

在物理学中，把完成某项任务时有实用价值的功，叫作有用功；把其他无实用价值而又不得不做的功，叫额外功。按此推理，无实用价值而又不是必须做的功，叫无用功。在教学中，对促进学生知识与技能的巩固、过程与方法的掌握、情感态度价值观的形成没有实际价值，但仍实施的教学行为，可认为在教学中实施了无用功。

网络上流传着一张河北省衡水中学的作息时间表，如果这张表格属实的话，那么他们每天与学习有关的时间大约有10个小时。环顾身边的高三学生在校时间，有的在校时间长达16个小时，但又取得了怎样的高考成就呢？无用功的具体表现在课堂教学、训练反馈、课时安排等方面。在先学后教（翻转课堂）的旗帜下，课前进行较多量的训练；课堂教学中有关概念的外延及内涵未能讲解透彻，匆忙训练巩固所学知识；在感觉学生空闲时刻，盲目布置课外练习；在课时较为充裕的情况下，课堂对某些知识点进行反复的、同层次的训练；违背学生的意愿，强行安排布置的训练；过分注重形式，在花哨的形式下，缺少实质内容和方法的课堂教学；选题重量不重质、重能力轻基础或轻能力重基础等做法；讲评练习、试卷就事论事，没有拓展与延伸，缺少知识与能力的整合，缺乏深度思考的教学；给某些学科超量的课时等。

无用功从哪来

未能区分出有用功、额外功和无用功。教师从事的是教书育人的工作，相比于其他行业，教师更加需要“活到老，学到老”。教师的教学不能仅仅做加法，也需要做减法。丰富视野、开阔眼界、提升素养做的是加法，而反思不足，去伪存真，去粗存精等做的是减法。必需的考试是有用功，超量的考试则是无用功。感悟学科教学、学科训练中存在必需的行为、无奈的行为、多余的行为，必要的课时是基础和保障，超量的课时是不是“多余”的？能否在此方面区分做法，将影响教学效率和学生的学习效率。

认为无用功也是一种功，用功总比不用功好。有些教师认为“做总比不做好，做自己的学科总比做其他学科好”，存在攀比心态，全然不顾及学生除了作业之外，更需要消化、整理、吸收。学生囫囵吞枣式的学习，造成对学科原理概念的一知半解，做得越多，错得越多，讲得越多，学生困惑越多，再多做，陷入恶性循环……《论语》曰学而不思则罔，教师与学生负担的增加不仅体现在体力上，更体现在精神上。

无效的有用功转变成为无用功。强烈违背学生意愿的情况下，安排的教学活动或训练，表面上教学任务或训练量已经达到，但是实际效果如何？对学生心理的影响怎样，也许会产生负面影响。讲评练习或试卷，近乎答案的公布，这样讲解效率何在，讲评重点不在于是什么，而在于怎么办，为什么要这么办。复习教学中一些对学生心理和认知水平视而不见的做法，使原本可能有效的行为变成了教学中的鸡肋。

形势推动了无用功。在现行高考考试科目与分值不等的背景下，分值高的科目被行政推动给予了更多的时间与空间，考试的范围与以前基本相同，考试要求基本一致的情况下，更多的课时用来做什么？高三有些科目每班每天上课时间为2课时，作业80分钟，辅导40分钟，这么多时间，应该做些什么？有些教师感觉似乎没有什么更多内容好讲，做一些题目，讲一些题目是消耗时间的最便捷手段，又不需要消耗更多脑力，低效甚至无效的无用功由此产生。一些学校在感叹某些科目低效低质的同时，又给予该科目更多的时间，恰恰形成了恶性循环。行政力量在推动实施无用功的同时，在领导面前争宠表现意志催动下，各门学科之间的火并，带来学生体力和思维的跟不上，教师的大部分努力付之东流。对花学生时间比较少的教师，教师的钻研精神应该首先要肯定，但领导的想法是为什么你不能花更多时间，让学生成绩更好一些呢？在行政驱动下，勤奋变成了高三教师的标准配置，而实际应该肯定的是钻研。

教师素养决定了无用功的比例。完成一门学科的高三复习，在知识内容和考核要求不变的情况下，到底需要多少课时，需要学生做多少题目，完成多少归纳整理？在不同素养的教师那里，答案将是不同的。例如高考化学的复习课时 280 学时、学生做 3000 道试题能否解决问题？对有些教师可能 180 个学时、做 2500 道试题即可，而对另外一些教师而言，可能需要 400 个学时、做 5000 道试题才能达到同样的效果。

减少无用功

高考复习是一项系统的工程，如果简单地采用减法，后果将比较严重。要对学生做减法，同时对教师做加法就不可避免。对教师实施加法，不能表现在增加教师的课时上。增加的课时越多，教师的备课时间就会越少，备课质量、上课质量就得不到保证，这是一个本末倒置的问题。从学校层面来说，依靠通过晚自习或周六补课，增加学生的学习时间，提高教学成绩，实际上是在打疲劳战，教学时间和学习时间越长，越容易造成教师和学生双方疲劳不堪、疲于奔命，恰恰降低了教学效率和学习效率。减少复习教学中的无用功，主要还是从学校管理、教师层面进行努力。

认识课程标准。《普通高中课程标准》是指导高中教学的纲领性文献，是确定教学难度与范围的重要依据，是高考考试说明和高考试卷命题的依据之一。满分的试卷不是教师教出来的，刻意扩大教学的知识范围、加深教学的难度，往往事与愿违。同时，课程标准中不仅规定了教学的知识范围，也指出了教学的方式与方法，不能偏颇。研究课程标准，根据学业要求，对考核内容的层次进行分类，了解、知道等识记层次，分析、理解层次，综合运用层次（设计、预测、新情境等）。根据不同学业质量要求，采用不同的复习策略和教学方法。例如，了解、知道等识记要求，“背多分”最直接、最有效。但“背多分”对其他层次的考核基本无效。

分析高考考试说明。各学科考试说明基本给出了考试的范围，例如，江苏省高考物理实验题的要求最为明确。但对比数学、物理、化学、生物等学科的高考考试说明，发现化学考试说明的回旋余地是最大的，给命题提供了足够的空间，这为高考化学复习教学提出了挑战。认清历年各学科高考考试说明的变化，对明确为不做要求的内容，不应再作为复习的范围，对降低难度的知识点，也不必加深难度。

研究高考试卷。知己知彼，方能百战不殆。高三教师的重要工作是研究高考试题，剖析试题，建立模式化答题流程。站得高，指向准，才可能打得赢。高考复习的直接目标是解决高考试卷上的问题。研究历年高考试卷，明确核心知识的考查层次与方式，区分核心知识、一般知识。试卷中的知识点还可分为每年必考、隔几年要考一次，以及基本不考的知识点，在复习中需要区别对待。高考试卷中出现的陌生题型、应用型试题往往是学生解决问题的拦路虎，复习中把握核心原理、概念，掌握解决问题的手段与方法才是问题关键。教师在试题讲解中方法的运用，某一类题型的归纳总结能力，往往是提升学生能力的保证。

了解学生的学情。学习是发生于生命有机体中的导向持久的能力改变的过程，而且，这些过程的发生并不是单纯由于生理性成熟或衰老机制。教的目的是更好地学，因此，在复习教学时了解学生的学习状况必不可少。因循守旧，抱定高考三轮复习，势必时间不允许。如果事先对学生的学习情况有了充分的了解，就可以有针对性地设计复习安排与计划，这方面，有些教师做了有益的尝试，如某章节复习前，安排对学生掌握情况的调查，统计出学生的易错点与难点，有针对性开展复习，既可节约时间，还能提高复习的效率。

变革教学方式与方法。传统的讲授式复习教学，教学效率不理想，而且一些学科的复习时间太少，不允许这样做。变革教学的方式与方法，一些容易的知识点不需要系统讲授，只要在几次作业中点到即可，难点问题可结合实验、讨论、探究等方式解决，充分调动学生的积极性，也有利于及时发现问题，解决问题。如一些学生存在困惑，经常出现的问题，可以实验等形式进行纠错，这比反复操练印象深刻且省时间。再如，减少复习中常见的罗列，突出题型特点，建构解题模型和流程，更能调动学生思维和加深印象。

学校管理制度。首先，要确定高中各阶段教学的层次性。在有些学校，“高一的课堂像高三，高三的课堂像高一”。高中新授课的教学情况与高考复习教学的质量息息相关。在新授课阶段，应突出核心知识，培养学科素养，需要依据《普通高中课程标准》，落实教学任务，不宜过界、挖坑。复习教学的任务是知识的融会贯通与一定的解决问题能力，需要明确考试要求，精选习题，注重方法与过程的教学。“读书贵能疑，疑乃可以启信；读书在有渐，渐乃克底有成。”其次，合理分配时间。分配教学时间、答疑时间、作业时间、学生反思与复习时间，不能仅限于做表面文章，例如，某学科需要多少课时才是最合理的，要从本校学生和教师的实际出发，不能对外校的安排照抄照搬。最后，对快慢班的问题，学优生与后进生等安排要体现差异化，太关注中等生，全面实施面向中等生的教育，往往造成掐尖去尾，学生成绩大多居于中等的情况，学生的个性发展沦为空谈。

（原文发表于2016年11月《化学教与学》，有修改）

向着明亮那方，哪怕一片叶子，也要向着日光洒下的方向。

——（日）金子美玲《向着明亮那方》

理科教学中浸润价值观教育

——以高中化学学科为例

著名社会学家潘光旦先生 1936 年写过一篇《国难与教育的忏悔》，认为所谓新教育没能跳出三个范围：一是平民教育或义务教育，目的只在普及，而所普及的不过是识几个字，教大众会看简单的宣传文字；二是职业教育或技能教育，目的只是教人学些吃饭本领；三是所谓人才教育，充其量只不过是培养一些专家或者文官。这三种教育和做人之道都“离得很远”。

他主张教育应当培养出“士”的情志，平时牢守“士不可以不弘毅，任重而道远”，危难中体现“见危授命”“士可杀不可辱”的气节。教育不知做人造士为何物，因而应该忏悔。

潘光旦先生在纷纷纭纭的教育现象中，提出了价值观的教育问题。进入 21 世纪，价值观的教育仍面临困境。面对多元文化的浪潮，青少年对一些外来思想观念的批判与分析缺失，严重冲击了青少年思想价值观念；全球化浪潮加剧了各种价值观念的交流与碰撞，给青少年的价值观形成困惑；信息化时代，各种信息泛滥，青少年的辨识能力受到考验，有陷入其中不能自拔的窘迫境地；后现代主义强调批判与怀疑，后现代主义的无中心意识和多元价值取向，使青少年无以适从，在价值的相对性和多元性中，似乎都可以找到自己的价值观归宿，对号入座后，便心安理得，缺少对价值观的批判与分析。

素质教育陷入困境的一个重要原因是价值观教育陷入困境。在历次教育改革中，对知识与技能的关注仍是基础，虽然加入了一些适应时代和社会发展的前沿信息；对过程与方法的关注有所提高，对探究意识和创新精神提到了新高度；对情感态度价值观的教育，在表述与形式上有突破，但教育方式和方法上仍拘泥于传统的手段，对大学生教文明礼貌、与中学生谈理想、教小学生爱国的现象仍没有根本转变。对情感态度价值观的教育流于形式、流于表面的情况还比较普遍。德育教育有变成课程的倾向，活动化、运动化等形式化倾向越来越明显；德育工作越来越集中于少数教师，如管理人员、班主任，而作为主阵地的课堂、各学科教师对德育教育关注越来越少；德育教育的形式越来越趋同，泛滥的说教式忽视学生的感受与体验，成为阻碍德育教育效果的重要原因。

价值观界定与实施意义

价值观，是基于人的一定的思维感官之上而作出的认知、理解、判断或抉择，也就是人认定事物、辨别是非的一种思维或价值取向，从而体现出人、事、物一定的价值或作用。价值观具有内隐性、体验性和长期性等特征。从微观角度看，价值观是人心中的一个深层的信念系统，在人们活动中发挥着行为导向、情感激发和评价标准的作用，是构成个人人生观的重要内容，制约着人的思想和行为活动；从宏观角度看，价值观是社会文化体系的内核和灵魂，代表着社会应该提倡什么、反对什么的价值性、规范性判断。价值观为社会公民赋予人生价值、为社会定下规则与规矩、为国家民族赋予形象。价值观决定了国家、社会和公民的取向、路径和行动。

价值观教育的内容

了解施教对象的特点，根据我国学生年龄和身心特点，有的放矢地实施价值观教育。随着社会发展，科学技术的进步，信息化社会的到来，2000 年以后出生的学生一般认为具有以下优点：自信、果敢、纯真、善良、创新、知识面宽广、有环境保护的意识，能熟练运用手机、网络。同时，该年龄阶段的学生也存在诸多不足：忍耐力差、缺乏耐心；自我中心、爱表达想法、不在乎他人感受；孤独、缺少同伴、有情感压力；除了课本，对外界好奇，追求流行，如动漫、网络游戏、明星、星座、名牌、新产品、新技术；逃避竞争和压力，讨厌被比较，不喜欢别人家的孩子；追求话语权，个性化生活要求高，不愿意被定制。只有充分了解当代青年学生的特点，了解该年龄段学生的优点和不足，才能有针对性地选择素材和方法来实施价值观教育。

化学教学中价值观教育的内容。《高中化学课程标准》(2011年版）指出，化学教学的三维目标：一是知识与技能，二是过程与方法，三是情感态度价值观，三者基本构成了一个学科育人框架。化学不仅要传授有关物质变化的规律和经验，也要体验人类获取自然科学的方法与思维过程，更需要在情感态度价值观方面有所作为。《普通高中课程实施方案》（2017 年版）指出，培养目标之一为具有理想信念和社会责任感。化学教育要发挥教育的“立德树人”功能，确定了化学教育的核心素养包括科学态度和社会责任等。化学教学中价值观教育体现在：审美情趣、人文情怀、科学态度、科学伦理、社会责任、珍爱生命、辩证唯物主义思想、学科兴趣、可持续发展的意识、优秀传统道德等多个方面。

化学教学中实施价值观教育的途径。化学教学中价值观教育可以依托以下素材和资源进行：化学史、化学实验、试题、课外研究性学习、社团活动、现代教育技术、STEAM 教育、STSE 等显性教育资源。还可以是隐性教育资源，通过挖掘一些素材背后隐含的道理或哲理，实施价值观教育。

实施价值观教育的方式

价值观总是自觉地左右人们的行为，实施价值观教育的最高境界是大象无形、大道无痕，把大象化无形，有意化无意。不显刻意，进入没有人为痕迹的本真境界。通过“浸润”，逐步形成一些具有哲理性的思想和积极、正确的价值观。“浸润”

是物理学名词和医学名词，它在教育中可以引申为三重含义：一为沾濡滋润，亦谓恩泽普施，“置物水中曰浸。”二为浸染熏陶，“物得水而润，则色泽鲜明。”三为引申为积久而发生作用，《论语》云：“浸润之谮，肤受之诉，不行焉，可谓明也已矣”。价值观教育采取浸润的方式是与价值观的特征相一致的。

化学教学中价值观浸润的形式，可以是课堂上的讲授、师生合作探究、讨论与辩论、比较与对比、阅读与思考、课堂动态资源的把握等，也可以是活动课、研究性学习、社团活动、参观访问、演讲等。价值观教育需要无痕浸润，需要从学生接受某些价值观出发，经过学生的思考与交流，产生对此的好感和兴趣，在长时间浸润下，自发对某些价值观念形成坚定、坚守的态度，逐步形成品格。

价值观教育的实施案例

通过研究化学微粒的发现史，形成对科学的敬畏，对科学探究的兴趣，对科学家责任担当、批判质疑品质的敬仰。人类对原子结构、原子核的组成的认识，经历了漫长的岁月。从最初墨翟的“一尺之锤，日取其半，万世不竭”到经典量子理论；从射线的发现，居里夫人发现钍元素，以自己的祖国波兰命名钋元素，到现代夸克的发现；从卢瑟福提出有核的原子模型，推翻其老师汤姆生葡萄干面包式模型，波尔提出带轨道的原子结构模型，推翻其老师卢瑟福提出有核的原子模型。以上无不凝聚着诸多化学家对科学探索孜孜以求的精神，对自然科学的敬畏；无不闪耀着科学家责任担当的光辉，“吾爱吾师，吾更爱真理”；无不充满科学家探究科学的执着和坚定；无不体现科学家们爱国家、为人类发展贡献智慧的精神。从化学史的介绍，到学生阅读、查找资料，到交流、讨论、辩论，真理越辩越明，化学史背后蕴含的科学价值观呈现在学生眼前。

通过教材中有关环境问题的研究，形成科学态度、社会责任、可持续发展的意识。化学教材中有许多关于环境问题的描述，如硫的化合物和氮的化合物、洁净的空气、水的处理、三废处理、重金属污染等。精心处理，可以形成价值观教育的良好素材。例如二氧化硫的学习，针对二氧化硫的用途与危害，经过学生讨论，实验探究，集体辩论，对二氧化硫的认识不局限于化学学科的认识，提高到科学态度、社会责任、可持续发展层面，对类似两难问题有了初步的辨别和认识，培养青年学生形成严谨求实的科学态度，具备勇于承担社会责任的意识，具有“绿色化学”观念和可持续发展意识。

通过认识化学之美，提高审美情趣。化学之美美在变化，美在创新。通过浏览网络资料，有关化学图片及视频，如梁琰的《美丽化学》和凤舞九天的《疯狂化学》，发现化学之美；通过参观工厂、实验室体会化学之美；通过实验探究，感悟化学之美。通过化学仪器或操作中的哲理，如“人心犹如试管，不要太贪婪。装下三分之一足矣！否则，一旦喷发，伤到别人，也会伤到自己！”充分感受化学之美。化学之美美在创新，研究化学的手段，近年来已经有了翻天覆地的变化，许多生物、物理学科的技术被应用到化学研究中。化学还在不断为人类的幸福和健康，发现新药物，合成新物质。从1990年第1000万种化学物质到2009年第6000万种物质被认可，化学正在创造一个崭新的世界。在化学教学中，通过各种形式，如查阅资料、交流分享、小论文、辩论等形式，积极引导学生发现化学之美，提高审美情趣。

通过研究化学中的规律和定律，形成责任担当意识、规则意识和竞争意识。化学学科诸多物质性质与变化中，隐含着许多规律、原理与定律，如质量守恒定律、勒夏特列原理。例如为了培养学生的竞争意识，可以借助电解时阴阳离子的放电顺序，离子的放电顺序与竞争何等相似。竞争无处不在，而且日趋激烈，高考、就业、国力，事事处处都能感受到竞争的硝烟。离子的放电顺序告诉我们，竞争也需要讲究规则、遵守规则。现在多努力、多学习知识、多吸收信息、多掌握方法、多探究创新，苦练内功，完善自我，才能提高竞争能力。有关竞争意识的养成的素材，在化学中还有很多例子，如优先中和、优先溶解、优先吸附、优先排布、优先吸收、优先沉淀，优先结晶，优先还原、优先氧化等。在涉及有关内容教学时，都可以通过实验、视频、参观等方式进行体验，同时把规则意识和竞争意识潜移默化渗透进教学中。

通过化学中体现哲学魅力，形成初步的辩证唯物主义思想。化学中包含了大量的自然辩证法的内容，有助于青年学生形成辩证唯物主义思想。例如两分法，对有毒有害物质的如NO的辩证分析，NO会造成空气污染，但也能促进人体的心血管扩张，被应用于医疗中。砒霜有剧毒，但也可以用于杀死某些癌细胞。元素周期表各种元素性质的递变，则反映了量变引起质变的哲学道理。原子离子半径的比较，则反映了主要矛盾与次要矛盾的关系。氧化还原、化学平衡则反映了对立统一的观点。充分挖掘化学学科中蕴含的哲学思想，有利于学生形成初步的辩证唯物主义思想。

通过课堂动态资源的利用，彰显化学学科的人文情怀。在化学教学中，一些课堂意外或突发情况，有时候可成为进行学科教学进行人文教育的素材。在进行氯碱工业的教学时，面对课堂纪律松懈的班级或学习无目标、缺乏上进心的学生，可以从压力入手，以化学知识举例，如氯化钠与水在通常条件下不能反应，但是当外界条件变为通电时，就可以进行反应了。有时候，没有压力，不会成功，有压力，才会有动力。根据教学内容随机插入价值观教育，似是无意，信手拈来，实则“蓄谋已久”、用心良苦。利用化学学科知识，对学生进行的人文教育，不仅能提高学生学习化学的兴趣，还能引导学生对社会现象、化学原理和现象进行思考，充分彰显化学学科的人文情怀。

通过化学物质的功与过，树立正确的科学伦理观。近年来，一些事件的发生，使公众认识了某些化学物质，化学成为社会的焦点，也背负了恶名。公众对化学物质产生过敏现象，导致一些商品广告宣称“本品不含任何化学成分”，“我们恨化学”。万物皆有其用处，即使是有毒有害的物质，垃圾是放错地方的资源，只是有些化学物质的价值和用途还开发得不够，人类对它们还不够了解。许多自来水厂用液氯进行消毒，氯气第一次世界大战中被投入了战场，直接造成了一场空前的屠杀。“青山有幸埋忠骨，白铁无辜铸佞臣”，古人对此有清醒的认识。在化学教学中，在某些知识点教学时，有意无意提供话题，既能引起学生思考，引发自觉的讨论，依据事实和证据，逐步形成正确的科学伦理观。

通过实验探究之乐趣，形成化学学科兴趣。化学实验是化学进行科学研究的重要手段，化学实验除了有缤纷夺目的现象之外，更能为猜想提供证据。化学实验是吸引学生投身化学事业的“磁铁”，猜想与化学实验现象不一致时，往往会有惊人的发现。如酸碱指示剂、不锈钢、麦角二乙酰胺、人工降雨、C60等的意外发现。化学实验除了让学生动手实践、亲身感受外，还能对猜想进行验证，对实验条件、变量的控制、实验设计的多样化等为创新提供平台。在实验探究中，假设、猜想、实验、归纳、分析、综合、交流、合作、表达能力得到提升。实验探究给了学生无穷的乐趣，提升了对化学学科的兴趣。

通过挖掘原理隐含的道理，弘扬优秀传统道德。化学原理中蕴含丰富的道理，在课堂中“不经意”的引申与阐述，也是对学生价值观的一种引导。例如在讲到可逆反应中存在化学平衡时，减少生成物浓度，反应向正反应方向进行；当减少反应物浓度，反应向逆反应方向进行。联系到青年学生在心理、经济上有困难时，父母不断提高支持，当父母年龄大了，需要子女他们在心理、经济上支持时，他们会怎样做？也应该学习乌鸦反哺。除了感恩，化学原理还可以引申出诚信、坚毅、爱国、敬业等优秀传统道德。

提升教学中浸润价值观的效能

教学中实施浸润价值观的教育，需要教师有教育的意识。疑事无成、疑事无功。对实施价值观教育，教师需要坚定信念，不能因一时一地，看不到教育效果而放弃。需要教师“处心积虑”，既能成为经师，更要成为人师。

教学中实施浸润价值观的教育，需要教师有人格的魅力。《颜氏家训》语：“人在少年，神情未定……潜移默化，自然似之。”实施价值观教育，教师需要有正确的价值意识、积极的价值立场和科学的价值判断；教师需要自身有良好的品行，能为学生以身作则；以人格魅力，感染带动学生。

教学中实施浸润价值观的教育，需要教师有教育的艺术。“随风潜入夜，润物细无声。”实施价值观教育，需要教师有因地制宜、因材施教的能力；需要教师有融会贯通学科知识与德育的水平；需要教师有让学生亲近的愿望，在接触互动中共同发展。

教学中实施浸润价值观的教育，需要教师等待教育的成果。时光不语，静待花开。实施价值观教育，需要有一颗平常心，努力了，不一定有成效，但不努力，一定不会有成效。价值观具有隐蔽性、长期性和反复性，不可能一蹴而就，需要教师长时间坚守，等待教育的成果。

（原文发表于《中小学教学研究》2018年第9期，有修改）

且挨过三冬四夏，暂受些此痛苦，雪尽后再看梅花。

——清·吴汝纶《百字铭》

对三力课堂体系的剖析与建构

某中等学校为了彰显办学特色，针对课堂教学，提出了“三力课堂”。“三力课堂”包含了青年教师的活力课堂，中年教师的实力课堂，名优教师的魅力课堂。在“三力课堂”的论证过程中，对三力课堂的认识经历了三个阶段，从分析合理性，剖析其中的问题，到最后建构新的三力课堂体系。认识的过程包含了肯定—否定—再肯定的过程，在不断分析—综合的基础上，提出了几种三力课堂体系方案。

对三力课堂的初步认识

青年教师的活力课堂，源于青年教师本身是有活力的。由于青年教师的年龄与学生差距不大，和学生容易产生亲近感。青年教师的头脑活跃，有创造精神，敢于尝试新事物，青年教师的这些特征和学生的特点、需求基本一致。青年教师对新的教学技术和教学理论，有比较强烈的学习欲望。青年教师对胜任教学岗位有紧迫感，对教学业绩有追求，对教学的基本教学规范需要很快地适应，对学科教学的内容，需要尽快适应学科教学要求和时代发展要求。青年教师由于刚刚参加工作，基本没有家庭的负担，所以对提升教学业务上的要求较高，可以花更多的时间去钻研，去努力。青年教师善于学习，善于研究，这些都是构成青年教师成长的优势。

中年教师的实力课堂。中年教师是学校的中流砥柱，广大中年教师充分发挥自己教学、教育方面的优势，展现了丰富的教学经验，为学校教学质量提升作出了突出贡献。许多中年教师在繁重的教学工作之外，还担任了班级管理工作。广大中年教师，对青年学生的特点有一定了解，对教学要求有明确的认识，对于学生的需求和可能犯的错误，有清楚的预设，表现出较高的课堂驾驭能力和学术水平，学生在各项考试和比赛中能取得较好的成就，很大比例归功于中年教师。

名优教师的魅力课堂。名优教师是一个学校能够提升学术影响力的重要因素之一。魅力课堂的魅力体现在哪里？要跳出课堂教学，要从教育的角度理解课堂。教育关注人的发展，学生是独立个体的人，是发展中的人，是需要全面发展的人。教育最重要的职能是育人，帮助学生树立科学精神和形成人文底蕴是第一位的，积极影响学生的世界观、价值观、人生观等，培养社会参与的意识，形成责任担当的品质。教育其次的职能才是帮助学生打好文化基础。在教学中，名优教师能够对学生的求学治学、学习思维方式和方法进行高屋建瓴的指导，注重发展学生的核心素养，引导学生自主发展、学会学习、健康生活、勇于实践创新。教育教学中的各种行为，不能偏离立德树人的目标和社会主义核心价值观的总体要求。之所以称为名优教师，不能仅根据学生考试成绩来判断，还要和其课堂上的价值观教育，学生的能力培养和学习品质相联系。如果教师还停留在计较个别学习后进生以及班级平均分阶段，那么说明他还在关注教学的阶段，还没有达到名优教师的层次。

对三力课堂的再认识

对三力课堂的进一步认识的过程中，在肯定的基础上进行综合和分析，会发现如果把三力课堂作为学校课堂教学的特色，作为一种体系，存在的问题有以下几个方面：授课主体的划分、课堂特色的分类、以上两者的对应与交叉关系等存在问题。

对授课主体的划分问题。三力课堂包括青年教师的活力课堂、中年教师的实力课堂、名优教师的魅力课堂。授课主体就是教师，上述划分为青年教师、中年教师、名优教师，前两者是从年龄角度划分，后者是从主体的荣誉角度划分。如果从年龄角度划分，可以分为青年教师，中年教师，老年教师。如果从主体的荣誉角度划分，可以分为普通教师、名优教师。目前三力课堂的主体划分存在交叉关系，青年教师有可能也是名优教师，中年教师有可能也是名优教师，授课主体的界定存在问题。

对课堂特色的分类问题。按照原三力课堂的概念，相应的课堂分为：活力课堂、实力课堂、魅力课堂。其中，活力、实力、魅力的关系较为混乱。活力也可以被认为是一种实力、一种魅力；有实力当然会有魅力；魅力可以表现在活力方面，也可以表现在实力方面。五集纪录片《粤港澳大湾区》以建设“粤港澳大湾区”为主题，从“天时、地利、人和”说起，从“合力、实力、动力、活力、魅力”五个方面，畅谈粤港澳合作的历史与现状，展望未来。为什么描述粤港澳大湾区用实力、活力、魅力没有违和感，它用来描述课堂就存在问题？粤港澳大湾区是一个地理概念，作为一个实体而存在，可以从空间、时间、资源、物流、人才流、信息流等多角度进行描述。课堂更像是一种事件、一个过程，并不具有实体的概念，对其描述更多是对其特色的描述，而不是其本质的描述。课堂教学的本质是师生双方的共同活动，是由教师的教与学生的学组合起来的共同活动过程。虽然不同的教师对课堂教学的认识不同，但课堂的本质是一样的，因此无法在本质上对课堂进行区分，用活力、实力、魅力来描述课堂的特色，存在不妥之处。

授课主体与课堂特色的对应与交叉问题。既然授课主体的划分存在问题，对课堂特色的分类也存在问题，那么授课主体与课堂特色也会存在对应与交叉问题。如青年教师的课堂可能是活力课堂、也可能是实力课堂或魅力课堂；中年教师的课堂也可能是活力课堂或魅力课堂；名优教师的课堂也可能是活力课堂、实力课堂和魅力课堂。因为主体、客体存在问题，造成了后续的一连串的问题。在概念界定中，一定要注意外延和内涵，以免引起类似的问题。

三力课堂的破与立。针对三力课堂的认识过程中，存在以上三个方面的问题，不破不立，破的目的是立。三力课堂如何实现存续或变更，存续是为了让三力课堂的概念有存在的情境和背景，需要进行合理的解释和界定。变更是摒弃原来的概念，推倒重来，建构新的概念体系。但是从实践来看，这所学校已经进行了两年的三力课堂活动，虽然有各自为战的成分在其中，但针对每位教师课堂来说，课堂中最突出的方面，可以用活力、实力、魅力来解释，但是把它作为一个体系建立起来，并不太合适。从破的角度来说，如果去除授课主体，三力课堂界定为活力课堂、实力课堂、魅力课堂，可以消除主体划分不明确的问题，鼓励所有教师向形成某中一教学特色而努力，从而形成学校的课堂教学特色。从立的角度来说，划分为活力、实力、魅力仍然存在问题，最主要问题是实力可以包含活力和魅力，三者并不是并列关系。能否把实力更换为“？力”？经过查阅资料，文献中有关于类似的多力并举，如动力、合力、压力、活力、魅力；和力、活力、魅力、给力；动力、魅力、活力、潜力。但如果借用其中的某个名词，可能会形成新的问题。如动力课堂、潜力课堂、压力课堂、给力课堂，更加莫名其妙，让人摸不着头脑，不知所云。

对三力课堂的资料查询

对三力课堂来说，去除授课主体解决了主体划分不清的问题。但活力、实力、魅力三者之间的关系如何解决需要进一步探讨。一种思路是去其中的实力更换成另外一个含“力”字的名词。另一种思路是对活力、实力、魅力，进行概念的重新界定，那么活力课堂、实力课堂、魅力课堂到底有哪些特点？能否把三种课堂最突出的特点呈现出来，进行课堂类型的区分？经过查阅文献资料，对文献梳理，分析各种课堂的特点，整理出研究思路。

活力课堂。经过查阅文献资料，对文献梳理，有代表性的有以下四种。第一种是从学生角度界定活力课堂，如身临其境才会激情飞扬，让学生融入教学；自由对话才会积极探究，让学生驰骋想象；链接生活才会丰厚广阔，让学生充分体验；正视差异才会精彩纷呈，让学生张扬个性；超越预设才会动态生成，让学生拓展课程。第二种是从课堂教学实施的角度界定活力课堂，如创设自在、自由、自为、自主的“四自”课堂氛围；树立生存、生活、生长的“三生”课堂理念；运用体验和体悟的“二体”施教方式；贯穿坚持对话机制的

“一对”课堂机制。第三种是从课堂的框架体系角度界定活力课堂，如语言活力、资源活力、思维活力、情感活力。第四种是从课堂教学环节上界定活力课堂，如多渠道交流情感，让师生“亲近”起来；利用多种活动形式，让学生“动”起来；使用多样教学技术，让课堂“新”起来；采用多样评价方式，让学生“活”起来；运用多种教学方法，让课堂“活”起来；基于核心素养教学，让思维“活”起来。

实力课堂。实力课堂的实力体现，可以从多个角度切入。从教师行为角度，说话有底气，指导有方法，行动有力度，思维有深度。从对教师的要求角度，组织课堂教学要以先进理念为先导；要遵循教学规律和教学原则；组织教学要与教学方法融合在一起；建立平等、民主的师生关系；提高教学语言的启发性和感染力；合理、有效的选用现代教育技术；加强师生互动；精心设计和认真编写教案。从课堂角度，明确教学目标、整合教学内容、创设教学情境、优化教学活动、引导学生参与、激活学生思维、发展学生素养、评价课堂表现。从教师表现角度，增强学科自信、丰富知识储备、优化教学设计，彰显感染力；关注时政热点、善用本土资源，传递说服力；尊重质疑精神、引导探究合作，凸显吸引力；树立正确“三观”、增强公民意识，凝聚向心力。

魅力课堂。魅力课堂的魅力体现，可以从多个角度切入。

从深度学习角度，学科课堂不仅有“广度”，而且有“深度”，还有“高度”，让学习呈现出三维结构。从课堂角度，知识课堂向生命课堂转变，注重学习兴趣的培养，注重突出学生的主体地位，注重体现学习过程，注重学习方法的引领，注重情感态度价值观的养成。从对教师要求角度，要具备吸引力、感召力、影响力。

从上述文献资料分析，对单一课堂如活力课堂、实力课堂、魅力课堂描述的指标会有很多种，但其中很多指标、角度是重合的，特别是活力课堂和实力课堂的描述，很多都是重复的。例如，引导学生参与既可以是活力的体现，也可以是实力的体现。活力课堂和实力课堂怎样区分？通过比较我们才可能发现其中的差异。根据汉语词典的解释，活力指旺盛的生命力；行动上、思想上或表达上的生动性。实力指实在的力量。一个人的综合实力分硬实力和软实力，硬实力是有形的，软实力是无形的。硬实力是可以证明的能力，如学历、技能证书等；而软实力是指难以估量的能力，比如思维能力、沟通能力、表达能力、文化修养、学习能力、团队协作能力等。魅力指的是与众不同，充满了吸引力，形容一个人的个性与容貌有着很强的诱惑力与吸引力。从以上描述中，我们可以提炼归纳出活力主要可以用生命、生动、变化、生活、生长、自由、自主、交互等词语来描述。实力主要可以用底气、能力、方法、力度、深度、广度等词语来描述。魅力主要可以用吸引力、感召力、影响力、诱惑力等词语来描述。从以上文献中的三种类型课堂，通过比较可以发现，其实有些是不属于该类型的，如活力中的资源活力，素材丰富、类型多样，课件美观、生动流畅等，与活力并没有多大的关系。再如实力中的合理、有效的选用现代教育技术，与实力关系并不密切。魅力中的注重学习兴趣的培养，注重突出学生的主体地位，注重体现学习过程，更是各类课堂兼备的特点。从以上文献，我们可以推测，一些作者对关键词并没有作出明确的界定，以为放在篮子里面都是菜，殊不知也放入了一些树叶等杂物。

对三力课堂的新认识

在三力课堂的研究过程中，已经探讨了为什么去掉行为主体，为什么要更换“实力”，怎样界定活力、实力和魅力。这些大都是基于对“力”的研究。那么，为什么要只着力去研究“力”呢？不妨去研究“三”和“课堂”。三力课堂是三种课堂吗？三力课堂可以是课堂的三种特征吗？三力的“三”指的是什么？课堂的“三”是指什么……

什么是课堂？一般基于课堂的本体、价值等进行回答。

而课堂是什么这种问法，实际上更多的是反思课堂的意味，可以指基于课堂的本体、方法、价值、系统、信息等方面。教育与课堂存在密切的关系，但教育不是诸多学科课堂的简单加和，课堂不能承担教育的所有功能，“完美”的课堂是不完美的。有关课堂的“三”可以从师生互动、教师角度、学生角度、目标角度等进行思考。

有关课堂的“三”——师生互动。从师生互动角度，有关的“三”可以举例如下：学生—教师—教学内容、学生—教师—教学过程、教—学—评、目标—流程—评价、师生关系—课堂管理—教学活动、情境—探究—创新。如果从交互角度出发，对三力课堂进行重新界定，可以提供以下建议：学习呈活力、教学显实力、评价有魅力；学生显活力、教师展实力、过程有魅力；师生呈活力、目标显实力、评价有魅力；情境展活力、探究呈实力、创新显魅力。

有关课堂的“三”——教师角度。从教师角度，教师的类型一般分为匠师、艺师、儒师、哲师，当然对中小学教师来说，几乎没有哲师层次的教师。教师教学的风格，包含理智型教学风格、情感型教学风格、自然型教学风格、幽默型教学风格、技巧型教学风格等，比较难以提炼出其中的“三”。教师的风格包含自然亲切型、睿智创新型、语感品悟型、严谨细密型、言行幽默型，比较难以提炼出其中的“三”。教师的教学包含精心备课、教学方法、和谐关系；功力与研究、教学设计、教学策略；课程理解、课堂实践、教学评价等。如果从教师的教学出发，对三力课堂进行重新界定，可以提供以下建议：发掘问题情境显实力、解决问题过程有活力、培养知情意行展魅力；课程理解显实力、课堂实践有活力、教学评价展魅力；学科功底显实力、教学设计显魅力、点拨学生显活力；学科理解显实力、教学设计显魅力、教学策略显活力。

有关课堂的“三”——学生角度和目标角度。如果从学生角度出发，对三力课堂进行重新界定，可以提供以下建议：行动呈活力、思维显实力、创新有魅力；自主呈活力、合作显实力、探究有魅力。如果从目标角度出发，对三力课堂进行重新界定，可以提供以下建议：知能理解显实力、方法运用展活力、情意领悟现魅力；关键能力培养显实力、必备品格锤炼展活力、价值观念养成现魅力。

有关课堂的“三”——“三”的含义。有位民国时期的思想家和哲学家叫熊十力，十力的意思是广大的神通和无边的法力。《道德经》有关“三”的记载：“道生一，一生二，二生三，三生万物”。这地方的“三”是由两个对立的方面相互矛盾冲突所产生的第三者，进而生成万物。中国当代著名哲学史家庞朴提出中国人的思维是三分统一而不是二元对立的，这是他的“一分为三”学说，而三力课堂的“三”应该是明确的实数三。实数 3 可以是 1+1+1，3 个 1 之间可以是并列关系，或者是递进关系。实数 3 如果是由 2 个 1 导出第 3 个 1，前两个 1 之间是并列关系，前两个 1 与第三个 1 是分总关系。上述从课堂角度出发研究三力课堂，都是基于 3=1+1+1。如果是由 2 个 1 导出第 3 个 1，可以提供以下建议：学生有活力，教师展魅力，课堂显实力；学生有活力，教师展实力，课堂显魅力。当然这种模式存在一定的问题。有 2 个 1 导出第 3 个 1，相当于 1+1=3，论据相对于结果而言，必要但不充分。

研究感受

哲学家熊十力曾说过：“凡有志于根本学术者，当有孤往精神。”人文科学相对自然科学而言，基于不同的目标，不同的研究群体，不同的年代，我们经常会得出“公说公有理，婆说婆有理”的结论。但是只有在不断地研究过程中，才能接近事物的本质。在浮躁的社会氛围中，能够静下心来，进行真正的学术研究，还需要我们广泛的阅读，对问题深入思考，尤其是对哲学的思考，再经过长期的实践，才能真正达到学术研究的境界。

对三力课堂的上述思考，在研究过程中，并没有明确的观点，但已经从多角度进行切入，如主体一（学生）角度、主体二（教师）角度、主体与客体（学科）角度、客体角度、主客体的交互行为角度、交互目标角度等。具体采用建议方案中的哪一种，应该取决于该学校研究的目标，为什么要提出三力课堂，是想解决哪些具体问题？从不同角度都可以言之有理，研究需要明确研究的目标（课题、项目），例如：基于主题式教学的三力课堂、基于教学评一体化的三力课堂研究、基于范导式教学的三力课堂、基于项目式教学的三力课堂。如果光有形式，没有实质研究目标的行为，研究既没有深度，也没有价值。为研究而研究，可以休也。

图难于其易，为大于其细。天下难事，必作于易；天下大事，必作于细。

——老子《道德经》

教师要有一定的命题能力

教学中反馈是一个重要的环节，教学反馈中必不可少的是试题。一些教师的教学反馈使用现成的资料，或者对试题进行初步筛选再使用。每年中高考以后，大多数准毕业班围绕当年中高考相同类型的题目，进行反复操练，但很少有教师能够依据中高考命题的思路，自己命制试题。教师被中高考的指挥棒指挥得晕头转向、疲于奔命，其中部分原因在于大多数教师没有一定的命题能力。

提高教师命题能力的必要性

目前，学生课业负担过重。许多教师由于缺乏筛选、评价与命制试题的能力，往往原封不动地将教辅材料发给学生训练，通过“题海战术”来提高学生的学业成绩，导致学生课业负担过重。我们一方面需要把教学质量提升上去，另一方面也需要把学生过重的课业负担降下来，这就需要我们深入研读课标、教材，深入研究试题在考查学生的什么知识、什么能力、什么思想方法以及试题的难易程度。通过研究提高命题能力，在平时练习、作业设计中精选精编，减轻学生过重课业负担。

当前一线教师命题能力普遍不强。随着学科纸质教辅资料愈加泛滥，网络资料的无限扩展，多数教师对学生的练习、检测主要采用两种途径解决：一是购买市场上现成的教辅材料；二是使用网络上的试题。这种采用“拿来主义”的做法，使编制习题、命制试题对许多教师来说变得越来越陌生，教师命题能力逐渐退化。“题海战术”大行其道，很少有教师去关注命题的理论与技巧。平时对学生的练习、检测能坚持自己编题进而自主命题的教师不到总数的 10%；许多教师几年甚至没有命过一次题。

教育教学需要教师具有一定的命题能力。通过“题海战术”来提高学生的学业成绩，导致学生课业负担过重。目前的“垃圾题现象”不是一地一校的问题，在全国很多学校的平时训练中都不同程度地存在着。这种低效、无效甚至负效的训练，误人误己，应该引起教师足够的警觉。提高教学质量，需要优化和改进教学的基本环节，其中关键的是改进课堂教学、提高测试的有效性和针对性。较高水平的教学质量检测需要教师设计有针对性、高质量的试题。尽管大范围的统一考试目前还不太可能消失，比如期末统一考试、模拟考试等，但是学校内部还是有各种类型的考试，比如，单元考试、期中考试等，这些考试学校有命题自主权，需要教师去命题。作为教师应该以科学、有效的命题引导教师改善教学方式，促进学生转变学习方式，发挥考试的检验、激励和导向功能。

命题能力不足制约了教师的专业发展。教师的专业素养，一般来说，包括专业精神、专业知识和专业能力等方面。教师专业素养主要体现在能否备好课、上好课、命好题等教学环节。命好题，编制出一些原创、高质量的试题，需要通过学习课程标准、研究教学要求、研究教材、研究学生、研究试题，提高命题能力，才能得以实现。在学习和研究的过程中，教学观念不断更新，教学策略不断优化，使得教学更有针对性、更加精准。一份试题质量的高低，能够直接反映出一个教师的知识储备和专业素养。新课程标准实施以来，广大教师进一步认识到了阅读的重要性，认为阅读是提高教师专业素养的关键。实际上，教师加强对考试命题的研究，也是一种阅读，命题研究是教师阅读的驱动力。

教师研究命题具有以下意义：通过对命题评价与教学关系的研究，减轻学生不合理的负担，为学生的全面发展提供时间、空间；加强文献研究与理性思考，提升教师对教学测量的认识，掌握命题技术，提高命题的科学性；加深教师对学科体系的认识，提炼学科的思维方法，形成科学思维，提高对课程标准的解读能力，提高教师专业素养和专业发展能力；培养和锻炼一支专家型的命题团队，提高学校教学质量评价的科学性和针对性。

提升教师命题能力的途径

影响命题能力的因素有学科知识、学科方法、命题程序、命题技术与原则、命题有关理论等方面。“熟读唐诗三百首，不会作诗也会吟。”提升教师命题能力，可从教师的学科知识水平、思维水平、教学技巧、继续学习动力、学科理念等方面着眼，从个体研究、专家引领、团队互助等方面着手。

教师个体的努力。（1）在学中感悟。命题者应善于研究高考考纲、课程标准、水平考试大纲，各类考试题（如高考模拟题，特别要研究历年各地的高考题），掌握试题命题的特点。在此基础上，对高考试题从背景材料的选择、题干与题枝的编制、设问的立意和答案的设置等进行深入研究思考和研究，从中感悟命题的特点和技巧。（2）在做中感悟。积极参与大型试题的命制，在过程中积累命题的实践经验。在与别人讨论中感悟命题的一些技巧，形成自己的经验。在命题中经历过的挫折、迷惑、遗憾与快乐都是难忘的体验，逐步积累了自己的命题经验，而这种经验是一种宝贵的资源财富，因为它是自己亲身经历体验和感悟出的命题的规律和特点。（3）养成积累素材的习惯和提高命题的敏感性。命题需要智慧和灵感，想获得灵感，需要做一个有心人，关注生活中的偶尔顿悟，每天所听、所看、所思，形成积累素材的意识和习惯，把日常积累的素材连同相关的学科知识点记录下来，日积月累，就会拥有丰富的命题资源。（4）学会对教材、考点的整体把握。命题的内核是学科知识素养，只有整体把握教材文本，把握高考考点，把握学生学习程度，命制的试题才可能体现合理性和针对性。

通过合作研讨，提高试题命制能力。教师个人独立研究有其局限性，往往带有自己的偏见，需要和同伴合作讨论，借助集体力量对试题进行客观评价、深入分析。（1）备课组合作研讨。在每次考试前，把命题任务分解给成员，让教师自主命题，然后组织教师“说题”和研讨，最后命题教师根据其他教师的意见和建议进行修改、完善试题，供备课组每位教师使用。教师“说题”和合作研讨要围绕试题所含的知识点、能力点、试题的难易度、试题的考查价值以及试卷所覆盖的知识面、核心知识的含量等方面进行。（2）校际合作研讨。开学初，联考学校领导商讨一个学期或一个学年各年级考试的具体安排，包括命题学校及学科、命题研讨时间等。需要指出的是，承担命题任务的学科应是该校优势学科，以保证试卷质量；命题研讨时间要比考试时间提前一周左右；命题研讨要围绕教学基本要求进行，主命题教师要逐题说明试题考查的知识点或能力点、试题的难易度、试题的来源等；研讨时对题不对人，针对问题提出具体的改进建议。教师自主命题和集体合作研讨，有利于促使教师对知识点和具体要求进行梳理和分类，从而提高其对教学内容的把握能力；有利于控制试卷难度，发挥考试对学生的激励作用；有利于提高教师对各类考试命题的理解能力，提高教师组织复习迎考的能力。

组织活动，提高教师命题能力的途径。（1）打好基础。

学校或有关教研机构推出青年教师解题能力比赛，是一项对教学和命题皆有利的举措，通过类似活动，使年轻教师对试题，特别是高考试题有了直接的感性认识。（2）构建平台。通过举办试题命制比赛，开展命题竞赛活动不是仅仅为了甄别教师的命题能力，更重要的是让教师在竞赛活动过程中提高命题能力。流程可以为：试卷征集——专家初评——现场陈述与答疑——专家点评——试卷改进。还可以是开放性的，也可以是举行现场比赛。在晋升职称或教师荣誉（学术阶梯队伍）理论考试中放入试题命制，对教师也是一个鞭策。（3）引领互助。为了解决青年教师的命题中的困惑，一方面需要不断实践，另一方面也需要指导和帮助。通过专家点评、同伴互助等形式，积极给青年教师走出去学习的机会，听取高考专家的讲座，也是对命题和教学的促进。（4）激励引导。推荐有想法的青年教师参加市级命题，和命题专家或教研员面对面沟通交流。在校际联考或校级考试中，让更多的青年教师命题，中老年教师把关，对命题成就突出的教师给予奖励。

第四章

学校与社会

人类就是这么奇怪，如果没有人同情，你就不会在乎伤口有多疼；如果没有人嘲笑，你就不会在乎伤疤有多难看；如果没有人比较，谁会知道什么是前途。

——吴淼《塔希里亚故事集》

各类教育进校园

教育方针是国家或政党在一定历史阶段提出的有关教育工作的总方向和总指针，是教育基本政策的总概括。它是确定教育事业发展方向，指导整个教育事业发展的战略原则和行动纲领。内容包括教育的性质、地位、目的和基本途径等。

不同的历史时期有不同的教育方针；相同的历史时期因需要强调某个方面，教育方针的表述也会有所不同。党的十八大报告指出，要“坚持教育为社会主义现代化建设服务、为人民服务，把立德树人作为教育的根本任务，全面实施素质教育，培养德智体美全面发展的社会主义建设者和接班人，努力办好人民满意的教育”。基于以上的教育方针，中国现阶段的教育目标是培养青年、少年、儿童在品德、智力、体质等方面全面发展，成为有理想、有道德、有文化、有纪律的建设人才。教育在国家社会发展中存在着不可替代的重要作用，社会主义教育培养社会主义建设者和接班人，培养“德智体美劳”全面发展的社会主义接班人是教育工作的根本任务，也是教育现代化的方向目标。

学校是怎样的一种筐

基于以上的教育方针、目标和任务。教育，特别是中小学的教育，承担了各种形式教育的奠基作用。在学校的文化教育之外，也出现了各种各样的教育进校园。有人罗列了各种进校园的教育有：法制教育（法治教育）、宪法教育、传统文化、急救教育、安全教育、扫黑除恶教育、禁毒教育、网络安全教育、禁毒教育、环保教育、感恩教育、影视教育、书法教育、生态文明教育、红色教育、诚信教育、科技教育、国家安全教育、国防教育、青春健康教育、革命传统教育、推动性别平等教育、生态教育、民族团结进步教育、健康教育、反霸凌教育、心理健康教育、食品安全教育、消防安全教育、交通安全教育、传统文化教育、普通话教育等。此外还有暖心教育、智慧教育、人工智能教育、投资者教育、国学教育、税法宣传教育、武术教育、消费教育、保险教育、反邪教教育、报纸教育、人防宣传、生态文明、双创教育、知识产权教育、水上交通安全主题教育、防震减灾教育、消费维权教育、京剧教育、防溺水教育、幼儿篮球教育、足球教育、职业体验教育、中医知识教育、戏曲教育、非物质文化遗产教育、农耕教育、保密宣传教育、财经教育、理财教育、民航空管教育、反假币教育、廉政警示教育、扫黄打非教育、地方戏曲教育、民俗文化教育、垃圾分类教育等。俨然“教育”成为继“费”之后，能够组成的词组最多的是词。教育变成了一个筐，什么都可以往里装的巨大的容器。

以上各种教育最终的落实在大中小学校、幼儿园。各种各类的学校及幼儿园承担了各种教育的具体落实和实施的任务，学校的教育变得更加丰富多彩。一位校长感慨：“现在教育真是负担很重啊！扫黑除恶、犬只管理，都要扯上我们教育部门。

什么都可以跟教育有关系，什么都要进校园，校园能承受得了吗？”这些所谓的进校园教育，有些跟教育有点儿关系，对师生有教育意义，可以算是丰富了校园生活，也让师生掌握一些必备的知识。例如，普及防震减灾知识、法制知识等。但有些内容则与教育相去甚远，却硬要跟教育扯上关系，如双创教育、知识产权教育、财经教育等。学校由于人员众多，牵涉到众多家庭，只要开展某一项活动，带上学校，就可能有很大的声势和人数。学生作为未成年人，接受度比成人高，任务布置下去容易出成效，所以有关部门喜欢和学校打交道，把活动安排进入学校校园，以一个某某教育的名目开展活动。据浙江省教育部门的调查显示，308 所学校在一年中总计接受 5568 项进校园的教育活动，平均每所学校每年 18.1 项，其中最多的一所学校为 125 项，平均每周开展 3.1 项。在 2017 年，教育部就出台了《综合活动实践课程指导纲要》，分类型、分学段推荐了 152 个活动主题，对活动目标、内容、方式等做了详细说明，并明确指出不能要求学校“照单全收”。泛化的各种教育活动使学校疲于应付，师生不堪重负，干扰和冲击了学校的正常教育教学秩序。学校承担了这么多各种各样的教育，来了又去，去了又来，到底取得了怎样的收获？各种各样的教育都适合大中小学校及幼儿园吗？

各种形式主义教育的危害

干扰了正常的教育教学秩序。学校本身有其专属功能，学校里的教育教学任务本来都是排得满满的。而各种各样的教育进入校园，挤占了原本属于教育教学的时间，势必消减了原本的教育功能，影响了教学秩序，最终受损失的是教师和学生。各种名目的教育活动不是没有边界、没有限制的。如廉政教育，应该从公务人员入手，开展多种形式的廉政教育，防止公务人员利用手中的特权滋生贪污腐败现象。而作为学校的孩子，尤其是十几岁的娃娃，他们压根就不懂得“廉政”二字的真正内涵，更不懂得“廉政教育”有多大意义。泛化的各种教育活动加重师生负担，干扰学校教学秩序。适度组织一些有价值的教育活动，确实可以拓展教育资源，开阔学生视野，丰富学校文化。但或许源于对大手拉小手的过度迷信，“从娃娃抓起”近年来已逐渐演化成推进工作的尚方宝剑，不管是否适应青少年身心特点，能否真正取得教育实效，都试图塞进中小学校。

破坏了宁静的校园生态环境。各种名目的教育活动项目越来越多，学校疲于应对，面对各级部门要求，又不能不做，最终各项活动成了形式主义。一些教师感慨，想静下心来教书都感觉有难度，各种名目的教育活动三部曲：拍照片、发报道、写总结。至于活动有没有效果，不得而知。各种名目的教育活动过多、过滥，教育行政部门出手严加整治、着力规范已刻不容缓。只有这样，才能还基础教育一个宁静空间，让学校领导和教师能回归教育教学主阵地，安心办学、潜心育人，少一些折腾、多一分耐心，真正落实“立德树人”的根本任务。

程式化的各种教育活动违背教育规律。各种教育活动进校园违背教育规律，挤压了学校办学自主性。学校教育的目的是让每个学生全面而有个性地发展，学校教育有其自身的规律性。国家对课程的设置和管理提出了严格要求，要尊重学校和教师的教育主体性和话语权，确保其合乎教育规律。一些打着教育名义的活动实则是偷换概念和打擦边球的做法，存在教材缺失、师资短缺、学时有限、内容脱离学生现实生活等问题，教育形式和活动载体大同小异，程式化特征明显，变成了“听不完的讲座”“写不完的征文”“编不完的小报”“比不完的演讲”“开不完的班会”“投不完的票”等。使学校和教师承担太多的职责，有些时间分不清自己的主业与副业，这些打着教育名义的活动严重违背教育规律。

助长了形式主义，背离立德树人目标。教育是社会主义现代化建设的基础，学校是培养中国特色社会主义合格建设者和接班人的主阵地。虚化的各种教育活动助长形式主义，背离立德树人目标。组织各类教育活动出发点和落脚点应以学生为本，使之融入学生心灵，陶冶学生情操，而不应成为某些部门完成任务、制造政绩的手段。相当数量的教育活动往往只务虚、不求实，不仅助长了形式主义，对孩子良好品格的养成也将造成负面影响。

给学校与教师减负

2019 年 3 月，中共中央办公厅印发了《关于解决形式主义突出问题为基层减负的通知》，将 2019 年定为“基层减负年”。2019 年 7 月浙江出台《关于规范中小学进校园活动的实施意见》，要求从严认定和规范管理进入中小学校园举办的活动。2019 年 12 月，江苏省教育厅发布关于做好减轻中小学教师不合理工作负担专项整治工作的通知。人民网 2019 年 9 月报道，温州市教育局出台了关于进一步规范各类“进校园”活动的意见，意见指出各中小学要谢绝未经县级及以上教育行政部门批准除涉及安全稳定工作外的各类“进校园”活动。各有关部门要提前谋划把各类名义的教育活动项目在每学期开学前向市、县教育行政部门提出申请，经市、县（市、区）

教育局（文教体局）审核同意后，方可进校园开展活动。各有关部门不得临时提出各种名义的教育活动计划，不得擅自进入学校开展活动，不得干扰学校正常教育教学秩序。

这些举措无疑是十分及时的，也是非常必要的。一方面，学校应有一定的话语权和选择权。另一方面，社会各界应学会尊重教育规律、尊重孩子的成长。拒绝大部分不太相关的进校园教育活动，保留像交通安全、食品安全、消防安全等符合学生实际的教育活动，不仅能达到教育目的，而且也对孩子今后的成长大有裨益。希望通过《通知》《意见》的出台，促使各种滥而杂的进校园活动能得到有效遏制，还学校一个正常、有序的教育教学环境。

只有用水将心上的雾气淘洗干净，荣光才会照亮最初的梦想。

——加西亚·马尔克斯《百年孤独》

教师的另类负担

有一首歌曲叫《生命无法承受之重》，歌词如下：切下一半，用力搅拌，直到一切糊成一团，加点热血，掺点期待，有时需要很多忍耐。稳定情绪，停止呼吸，小心地把它拿起来，张开嘴巴，张到最大，用力咀嚼之后吞下。继续着十二次后的失败，期待那甜蜜的无奈，生命中无法承受的重，压着我，无法逃开只能接受。感受那极端灿烂的浪漫，接受那猥亵的告白，生命中无法承受的重，压着我，无法逃开只能接受……朝未来用力地走下去。

法国社会心理学家古斯塔夫·勒庞创作的社会心理学著作《乌合之众：大众心理研究》指出了当一个人是孤立的个体时，他有着自己鲜明的个性化特征，而当这个人融入了群体后，他的所有个性都会被这个群体所淹没，他的思想立刻就会被群体的思想所取代。而当一个群体存在时，就有着情绪化、无异议、低智商等特征。无论他们属于什么民族、职业或性别，也不管是什么事情让他们走到了一起，处于群体中的个人都将自己的情感与思想融入群体中，个体的差异从而被隐藏、模糊，这就是群体极化效应。个体参与群体讨论，由于受到群体气氛的影响，会出现支持极端化决策的心理倾向，全体成员所持观点变得更加极端，原来保守的趋向于更加保守，原来冒险的趋向于更加冒险。

随着移动互联网的发展变化，传统媒体和新媒体也在逐步完善升级，所以如今的网络新闻或者微博社区等出现了头条推送和热点推送，这些都变成了网民发声的聚集地。当然“群体极化”未必都是坏事，否则许多里程碑式的事件至今都不会顺利实现，例如黑人权力运动、废奴运动和女权运动等。所以“群体极化”具有双重意义，积极的一面是可以促进群体意见一致，提高群体的凝聚力；消极的一面是放大了错误的判断和决策，不利于后期运作。全社会对教育是相当关注的，不论他的家庭中是否有正在接受教育的学生。每个人都有发声的权利，但众口一词，有时候会使舆论走向极端。教育行业的某一单一事件，经过网络和传统媒体的报道后，往往会成为大众的焦点，网民、观众和听众仿佛人人都变成了教育评论家，都可以对教育说三道四。网络上有关教师、教育的事件经“群体极化”后，往往形成了一面倒的倾向，把个体问题变成行业从业者全体人员的问题，使教育行业背负着无法承受之重。教师除了进行正常的学科教学之外，还承受着一些另类的负担，如声誉压力、政策推动的体力负担、政策变动带来的精神负担、付出与收入不匹配的经济负担等。

教师背负着的声誉负担是师德。即使放假、晚上下班后不上班的时间，也会随时想到自己是教师，要注意教师形象。之所以产生这样的条件反射，一是每逢教师节等节日，教师都要签署师德宣言（保证），这是一些地方教育行政部门、学校领导经常实施的行为。在某些学校中，很多小事都会被冠以师德问题上纲上线，师德变成了一个什么都能装的筐，变成了教师的紧箍咒。就像个人征信记录，在一些地方或部门甚至把消费者拖欠水电费纳入失信黑名单，有对失信惩戒有滥用、泛化的倾向，此番上线的二代征信系统对此进行了纠正。始终秉承法治理性的思维，不乱贴标签，确保失信惩戒不偏离法治轨道，才能真正助力社会建设。

学校承担的各种各样的教育，最终还是要落实到教师身上。各种“进校园”活动并没有获得网络和传统媒体的关注，但这些教育活动往往成为教育工作者所背负的日常负担。作为教育从业人员，可能自己清楚，但不会引起其他行业的同情，或其他行业的共情，但这些问题深深影响着教育从业者的心理。虽然不同教育会落实到不同的教师身上，但以上的诸多教育活动更多的是教师的分外之事，额外增加了教师的负担。教师要完成教育教学工作之外，还要承担一部分非学校应该承担的社会和家庭的责任。教师实际上也不在意形式化的各种教育，但是各种实质性的长期安排，对教师来说，可能是巨大的负担。如农村义务教育阶段学校的教师平时要承担防学生辍学的任务，暑期需要承担防学生溺水的安全责任，有的乡镇还会安排农村教师扶贫任务。把教师当作一个万能的人，势必对教师的本职工作产生不良的影响。

除了各类教育进校园之外，三点半放学难题，义务教育阶段学生放学后的托管，也给一些教师带来了困扰。从美国看，美国的人工是很贵的，与其请人每天接送照顾孩子，很多妈妈都选择自己在家带孩子。有些美国家庭的妈妈在孩子刚上学的那几年是不上班的，他们一连生好几个娃，休息几年，把孩子一起带大，再回去工作。有些美国家长有灵活的时间接孩子，更多家长会另辟蹊径——送到课后辅导班。美国学校的课后辅导班有的是私营的，有的是学区下属半公立的，也有些是非营利组织的（如 YMCA）。这些辅导班通常都使用学生所在学校的教室，省去了接送的成本和麻烦。根据美国课后辅导联盟的统计，美国家长平均每周花费在课后辅导班上的费用为60美元～80美元，一个月就是250美元～350美元。中国的学校也会在三点半后通过购买社会服务来提供兴趣小组活动。但是，一来资金有限，各地对于教育有关的收费慎之又慎，廉价的报酬，让教师心不甘情不愿地来执行这项工作，更何况教师的子女也需要去接，更是无心提供充足的活动；二来政府资金的用法有很多规定限制，比如不能用于学校自己的活动，社会机构不能乘机推广其他课程，等等。我们需要一整套的方案来保障社会各界为孩子提供更多的成长机会，让学生有更多自主发展机会。勿以减负为名，行推责之实。

学校组织的晚自习和周六辅导，成为一个比较禁忌的话题。一方面政府为实施减负，明令学生每日在校时间不得超过一定的时间；另一方面学校和家长为了提高学生（小孩）学业成绩，想方设法延长学生在校时间。学生和教师成为其中的夹心层，任人摆布。2017 年 11 月，某市教育局推出进一步“减负增效”的举措，要求做到严禁非高三年级利用晚间、双休、节假日到校补课，严禁除寄宿生外的学生拖延离校时间，严禁利用午休时间做强制规定，等等。赞成和反对的都有，其中，几乎所有的教师都是赞成的，学校的教师赞成原因有二：负担减轻了，不需要再领所谓的加班费了；辅导班的教师更开心，马上就有新的生源（生意）了，取消晚自习的次日，就有大批家长收到培训机构发来的辅导班信息了。反对的主要是高中各年级的学生家长，担心小孩在家学习效率不高，宁愿把小孩“寄存”在学校。如果高一、高二年级的学生晚自习和周末不需在校的话，部分家长可能直接把小孩送到某些培训机构进行辅导，而对经济状况一般或较差的家庭来说，就可能做不到这点，即使学校对此进行收费，一来数额较辅导机构要少得多，二来困难家庭可以申请减免，但升学博弈的战场从学校延伸到社会，这部分家庭就显得无能为力了，这也是部分家长反对的原因。这项政策实施之初，一些班主任遭受了一些不理智家长的指责和批评，虽然做出了很多解释后，终于获得了一些清白。两个月后，刚刚享受到“早七晚六”甜头的教师，又一次失望了，一切又回归往常的样子，但这种夹心层的感觉却是挥之不去的。

近年来，中小学教育收费竟然能成为新闻，这说明全国绝大多数地方的教育收费制度执行得较好。但是几年前，某地发生的一起教育收费案例，值得思考。当地电视台接到家长投诉，某学校高三年级收取晚自习、周六补课费。该所学校表示，晚自习、周六都有高三教师进行辅导或上课，需要支付教师的加班费用，而财政是不出这部分款项的，只能按谁得益谁支付的原则，收取一定的费用，并且当初晚自习、周六到校都是坚持学生自愿原则的。这件事的处理结果是，该地未出台或批准该项收费，该校退还所收的费用，全市其他高中都一致行动，退还该项收费。但各学校为了高考升学率，为了“办人民满意的教育”，晚自习、周六有高三教师进行辅导或上课的措施仍在继续。时至今日，该地仍未出台或批准该项收费，高三教师靠少量的财政专项资金充当加班费。教师在非正常工作时间出力出智，却得不到适当的报酬，教师的工作热情如何保障，还需要有关部门思考。

自知者不怨人，知命者不怨天；怨人者穷，怨天者无志。

——《荀子·荣辱》

教师为什么爱计较

某一年暑期和同事结伴外出旅游，在游玩景点之后，导游带我们去购物商店，从购物商店出来以后，导游说："你们几位都是教师吧。"我和同事面面相觑，导游如何知道我们都是教师的呢？现在想一想，我们可能都具有教师的某些基因或者说某些特质——爱计较。但是仔细想想，教师为什么这么爱计较？

教师的职业特点

唐代韩愈说，师者，传道授业解惑也。按照目前的理解，传道可以理解为价值观的教育；授业可以理解为帮助提升学生的学业；解惑可以理解为解决学生成长过程中的困惑、学业中的困惑。如果仅仅是定性来衡量教师职业的话，基本上所有教师都做到了传道授业解惑。现代社会的发展，对教学的要求从初步的印象时代到数字化的精确要求。不仅家长重视学生的成绩，以数字化形式确立了精确的目标，学校管理者也对教师的教学质量提出了明确的数字化、精准要求，例如同一年级的平行班之间的差距不能大于三分，等等。教师在与同事的比较中，也感受到教育是一项数字化工作，数字化对教师产生了巨大压力。经过多年教育工作的熏陶、磨炼，工作中的数字化、精确化态度，会对教师的生活、家庭、个人成长也产生潜移默化的影响。另外教师的工作中还存在各项考核，如开设公开课的层次和数量、备课的数量、听课的数量、参加会议的次数、参加活动的次数、体育锻炼的数量、发表文章的篇数和层次、开设讲座的层次和次数、参加课题的级别和个数，各类评优评先的级别和奖项等。教师要参加职称评定，而职称评定中，对任教年级、论文、公开课、荣誉、课题等都做了事无巨细的规定。大多数人从进入教师行业那一天起自觉或不自觉为此而准备和努力。这些因素也客观上造成了教师之间的攀比，斤斤计较。

教师的经济地位

现在大部分教师参与一般性的社会活动，很少有主动承认自己是从事教育行业的。这一方面是教师行业的神圣性，也是对自身经济地位清楚的认识。根据 2019 年 9 月教育部新闻发布会称，教师工资由 20 世纪 80 年代之前在国民经济各行业排倒数后三位，提升到目前在全国 19 大行业的第七位。但是一些地区中小学幼儿园教师并不认同。根据各地区各行业的收入情况来看，教育行业的收入基本处于中上水平，当然平均水平不代表个体的收入状况。俗话说“张家有钱上千万，邻居九个穷光蛋，平均下来算一算，个个都是张百万”。在民国时期，当时教师工资发的是银圆，根据 1927 年江浙某地区发布的规定显示教授工资是 180 到 600 大洋，大学教师平均 220 大洋，中学教师平均 120 大洋，小学教师平均 30 大洋，而工人则是差不多 15 大洋。和其他社会阶层相比，教师在当时属于高收入行业。当然，当时能够上起学的都是中上阶层或富裕阶级的子弟，私立学校盛行，一般老百姓的子女是上不起学的。供需市场决定了教师的经济地位。现在的中小学教育是平民教育，并且实行了九年制义务教育，公立学校占主导地位。供需关系决定了如今的教师地位不可能和100年前相同，不能拿相差100年的数据进行对比说明现在不重视教育。在贫困地区，教师的经济地位和社会地位较高，在经济发展地区，教师地位相对较低。2019年7月1日起，河南中小学教师教龄津贴打破10元封顶的旧标准，教龄越长，津贴越高。一名教师教龄满30年就可每月领到310元的教龄津贴，同时，从7月1日起实施中小学（中职学校）班主任津贴，发放标准是每月最低400元。社会人士一般不会对此消息有多少印象，而河南省外的其他省份教师大多会有印象，并一直期盼所在省份有所作为。从骨子里，教师还是有点儿清高的，为了维护教师行业的形象和社会地位，教师在社会活动中，往往非常低调，不敢暴露身份。

教师的社会地位

作为教师一般自以为是知识分子，至少是个小知识分子。要有某种程度的清高，孔乙己说“窃书不为偷”，就是要维护天下读书人的清高颜面。教师既要有某种程度的清高，又想在生活上向中产阶层看齐，造成了教师社会地位处于尴尬的境地。不管是出于维护教师行业的神圣性，还是维护自己的颜面，在生活上向中产阶层看齐，但自身的荷包又不允许大手大脚。在两难之中，教师选择了生活上斤斤计较。在任何一种政治制度的国家，教育和医疗总是备受关注，也是备受责难的行业。在自媒体盛行的时代，每人都有发声的权利。很多人看到教师有寒暑假，殊不知教师的寒暑假，是通过自己平时加班加点折换过来的。网络上刻薄地对待教师的人数众多，把教师和其他行业进行对比，认为搬砖、砌墙比教师更辛苦，教师的收入不应该超过这些行业，作为教师，我们应该自责，对他们的教育完全不够，才出现自己曾经教过的学生嘲弄、看不起、反对自己的状况。

辩证看待数字化的考核

现代社会发展，特别是工业化时代，人工智能、大数据的理念，对教育行业产生了深远的影响。更多数字化的考核将会进入教育行业，与其故步自封，不如敞开心扉迎接数字化时代的到来。定性化的时代，我们可能隐藏了很多我们做得不到位的地方。但数字化时代，某些做得不到位的工作，通过数字化会放大我们的缺点，但数字化同时也会放大我们的优点。所以作为教师努力增加自己的教育教学本领，这样在数字化的考核中不至于落伍。逃避不是办法，唯有正面迎战，不断改善不足之处，才能在时代发展大潮中，立于不败之地。

教师应该关注自己不计较的地方

在中国台湾，对学生的培养包括德智体群美五个方面。在中国大陆，对学生的培养包括德智体美劳五个方面。不管是哪一种划分方法，对学生的培养，都不能仅仅是对学生智力的培养。数字化强化了对学生智力的培育，但有些工作很难进行数字化的考核，例如学生的德育工作。我们对学生价值观的引领，对学生情感态度的关注，可能在某些时间段没有办法充分体现出来，也无法通过数字呈现出来，但思想品德是一个人能不能成为人才的重要因素。某些学生的智力比较突出，该学生的思想品德一定比较好吗？其实这两方面并没有相通的东西，不会相辅相成。就像我们的社会既要抓物质文明，又要抓精神文明一样，两手都要抓，两手都要硬。要重视学生的德育培养，教师自身的教育能力很关键。照本宣科式的德育教育往往很难成功。德育教育需要在行动中进行，需要在日常的教学活动中渗透。前文提到的教师行业遇到很多不信任、排斥、甚至仇视的状况，也是以前我们对学生的思想教育、品德教育、观念教育出了问题导致的。同时，教师自身的教学能力并不都能从数字化考核完全反映出来，每一位教师都是在不断成长的，关键教师是不是在不断地努力？不管你是年轻教师，中年教师还是老年教师，对工作的投入程度、取得的进步都是衡量一个教师是不是在不断进步的标志。教师的努力会对学生产生积极的影响，试想一个不要求上进的教师要求学生上进，一个不爱读书的教师要求学生多读书，怎么可能取得好的效果？在品德教育中，讲究的是以身作则，而在学科教学中，我们提倡的是“学高为师”，这里的学，不仅仅是学识，应该包括素养、涵养，学科教学中也可以进行思想品德教育。教师要努力做到学高为师，身正为范。

如何正确看待校内的优秀教师。有些教师说他的成绩是他刻苦努力来的。首先，榜样在身边，通过榜样的作用，我们从他们身上学到他们的长处，以及他们的成功途径。其次，每一个从事教育行业的教师，从进入教师行业之初都会有一个梦想——努力成为优秀教师。而在成长过程中，不断经历打击、磨炼和挫折，使我们放松了对自己的要求，觉得自己离成为优秀教师的梦想越来越远，渐渐地背离了我们的初衷。把优秀教师标准和自己的数字化分析进行对比，就可以找到差距，寻找发展的路径，这其中是需要数字化的。有些教师只关注结果，他是优秀教师，我是普通教师，没有注意到优秀教师也是由普通教师成长起来的，你也可以通过努力，实现从普通教师变成优秀教师的梦想。再次，优秀教师形象是重要的资源，不仅是学校招生的品牌，也是学校各种学术活动中是否有话语权的重要标志。在目前各地教育行政部门对学校的综合考察中，每个学校优秀教师的数量、占比、级别也是一个学校取得好的综合考核成绩的重要因素。最后，当一位教师漠视数字化积极因素的时候，可能他只是把教师当作一种养家糊口的职业，目前可能处于平庸状态。如果一位教师不甘平庸，努力成为优秀教师，他的眼界和视野逐渐变得开阔，他会看得更远、看得更深、看得更高，对自己的理解也会更多。感觉自己肩负的使命越崇高、越伟大，越会感觉身上的责任更重要、更艰巨、更光荣。

真实世界不是故事，真实世界没有主角，

真实世界没有主题，真实世界没有完美结局。

——万维钢《你有你的计划，世界另有计划》

坑人的教育名言

有些教师说最害怕听领导讲话，总结起来为“讲话时间冗长，实质内容很少，提出问题真多，教师责任重大”。一般领导讲话时会引用名言，如：教育无小事，细节决定成败；习惯改变性格，性格改变命运；没有教不好的教师，只有不会教的教师；为了学生的一切，一切为了学生；要求学生做到的，教师一定要先做到，等等。厉害的领导还会发明名句，例如“教师是有智慧的，学生是有潜能的，管理是有艺术的”，等等。如果这些教育名言名句，言之有物，言之有理，教师应该接受。但这些掌握了话语权的领导有没有想过你引用的名言和发明的名句，究竟有没有道理可言？凭什么让教师必须接受？

教育无小事，细节决定成败

有没有非常完美的人？没有。有没有什么活动或事情没有瑕疵？没有。大多数时候，人和事都不会是完美无缺的。教育永远不可能是完美的，不管什么制度的国家，教育和医疗永远是老百姓最不满意的行业，因为你永远做不到让100%老百姓满意。课堂教学也是如此，从来没有完美无缺的课，所以有人说，课堂教学永远是有缺陷的艺术。普罗米修斯创作的雕塑维纳斯，从结构上看是不完整的，但是人们会欣赏到其中的美。教育中追求事事做得完美，是不是想表明管理艺术高、教育功底深或造诣很高？拿教学中最小的事情如学生迟到说，如果某一天有一位学生迟到，按照教育无小事，细节决定成败这样的思路思考，是不是说明班主任的班级管理出了问题？如果问学生上学迟到的原因，他可以写出一万种理由，有些因素并不是学生、家长或者教师可以控制的，也不是校长可以控制的。从教育无小事，细节决定成败的角度考虑，如果有一天，学校有一个地方打扫不够干净，是不是可以认为校长的管理出了问题？教育管理者一般对教师既有大局的要求，也有细节的要求。对事关大局的要求，相信大多数教师或者班主任都会严格落实到位；但在细节方面，并不是每个教师每时每刻都能落实到位的。但是这种夸大化、片面化，上纲上线的做法，如果领导都不能全心全意、全盘接受，自己都不能认可，却要求教师做到，这可能是一厢情愿，还可能会影响到他的其他言行不被认可。

有句话说“行大事不拘小节”，这句话和“细节决定成败”一起来看的话，都犯了片面化的错误。我们认识人和事，都要从大局和细节等多方面认识，宏观与微观相结合。大局属于方向性的问题，细节都属于修饰性问题。虽然可能存在蝴蝶效应，但谁又能证明蝴蝶扇动翅膀和亡国有什么逻辑联系？某一个细节做得不完美一定会影响大局吗？

习惯改变性格，性格改变命运

习惯亦作“ 习贯 ”，原谓习于旧贯，有三重含义，指逐渐养成而不易改变的行为；习俗，风尚；对新的情况逐渐适应。学校中强调的习惯应该属于第一重和第三重含义，不易改变的行为和对新的情况逐渐适应。

中小学生教师一般都会强调习惯的重要性，习惯会影响学生的平时听课、上课、作业、活动、考试等诸多环节。同时习惯培养也是中小学日常行为规范里面重要的一环，通过习惯培养，塑造学生的纪律性和培养集体主义精神。养成一个习惯，是不容易的。改变一个习惯也许很快，也许很慢。学生在校期间，教师非常注重学生好习惯的养成，由于学生间同伴的榜样作用，大多数学生养成好习惯，这也是塑造良好集体氛围的重要基础。习惯包括学习习惯、行为习惯、卫生习惯、纪律习惯、饮食习惯、作息习惯、活动习惯、运动习惯，等等。一方面，通过培养学生好习惯，营造班级严明的纪律，养成整体积极向上的氛围，形成班级的凝聚力。另一方面，良好的习惯对学生个体未来的发展起着基础作用。

改变旧习惯，适应新习惯能改变性格？心理学认为在习惯养成阶段，培养学生一种强迫或被迫的意识。在习惯培养过程中，如果太刻意注重强调改变某种不好的意识或行为，会使学生形成强迫症的倾向。理想的状态是，学生能够主动去改变一些不好的习惯。如果学生被动地去改变一些习惯，会造成学生对环境、周边的人产生焦虑、恐惧，甚至产生逃避集体的意识和想法。在习惯的培养过程中，教师更应该关注整体和个体协调发展，不光需要注重整体性和个体的差异，还要给学生充足的时间培养健康良好的习惯。

为了探究人类养成新习惯所需的时间，历史上曾进行过大量实验。有关习惯养成的定论，现代共有一短一长两个版本，分别为“21 天法则”与“66 天法则”。“21 天法则”由麦克斯威尔·马尔茨博士在 1960 年出版的著作《心理控制术》中提出，改变心理意象通常至少需要 21 天，如果习惯可以改变性格，那么若干个 21 天就可以改变性格，从而改变命运吗？不同的习惯、不同的性格和不同的命运之间到底有多大的关系？

心理学里的性格是指一个人在对现实的稳定态度，以及与这种态度相应的、习惯化了的行为方式中表现出来的人格特征。性格一经形成便比较稳定，但不是一成不变的，是具有可塑性的。性格是由什么因素决定的？有两种完全对立的观点：一种观点是先天决定论，或者叫遗传决定论，这种论调的典型代表是人类学家和心理学家高尔顿；另外一种观点则是后天决定论，或者叫环境决定论，其观点的哲学基础是英国经验主义哲学家洛克所提出的“白板论”，简单说就是一个人刚出生的时候，他的心灵就像一张白纸或白板似的，上面什么都没有，而人的认识、经验、心理等，则是后天通过感觉、经验获得的。后来的各种心理学研究，证明了“先天”

和“后天”或者“遗传”和“环境”在共同起作用，它们是相互影响、相互渗透、相互作用的。也就是说，一个人的性格，既有先天基因的影响，同时又有后天环境、教育的影响，两者是交互作用的。内向型性格和外向型性格，会影响到自己的命运吗？我们常说东北人比较豪爽，南方人比较内敛，从性格影响命运的角度来看，这又能说明什么呢？说明他们的命运差异吗？

中国有一句谚语叫“三岁看小，七岁看老”，说的是一个小孩的品性、天资会直接影响他以后的际遇和命运。七岁可以看到一个人一辈子的尽头，这是朴素的宿命论。在影响个人命运的因素中，还有很多东西比个人品性、天资更加重要。如果性格决定命运，那么又是什么决定性格呢？究竟是性格决定命运还是自己已经认命？性格是由两个主要方面决定的，一是环境，二是思想。对于一个没有独立思考能力，没有一点儿批判精神的人来说，性格的成因主要受环境的影响，而对于一个有独立思考能力和批判精神的人来说，性格多由思想来控制。因此，性格决定命运现象的深层原因其实就是环境和思想（客观与主观），只不过是影响程度不同而已。一个人若要改变命运，有时候需要变换环境，有时候需要转变思想。

习惯是不易改变的行为，性格一经形成便比较稳定。习惯和性格的最大特点是稳定，不易改变。随意改变性格，毫无疑问是危险的，我们可以认为性格是另外一个你，它在默默地保护着你，它是意识的构建，改变自己性格其实是对自己的否定。否定自己是危险的行为，比如说有一天你改变了习惯和性格，你还能适应周围别人看你的眼光吗？能够对性格做出最大改变的人，很难想象它具有稳定的人格，连自我都能改变，更可能会逼迫身边的人，甚至有危险的行为。性格本身不存在优劣，性格优势和劣势作为某一场合、某一情境、某一职业的期待作为前提。没有得到理想的期待，我们可能认为这种性格存在劣势。每一种性格都有相适应的社交群体、工作职业等。每一个个体都是具有复杂多样的性格集合体，只是各种性格的强弱不同而已，大小、强弱在顷刻间可以逆转，有一种说法是老实人会闯出更大的祸。不要自信地认为自己的性格可以应付一切，或者自己的性格一无是处，每个性格都有特殊的优势，调整自己的性格比例，缩放自如，才是最佳的状态。

没有教不好的学生，只有不会教的教师

“没有教不好的学生，只有不会教的教师。”有人考证

以上言论并非出自陈鹤琴或苏霍姆林斯基。也许“没有教不好的学生，只有不会教的教师”这句话本意旨在强化教师的责任感。但如今，这句话被扩大化，恶意曲解，神化教师，成为套在教师头上的紧箍咒，恶意曲解，没有教不好的学生，什么叫教得好？标准是什么？恐怕很难定论。教得好应该是一种定量的评价，学生的成绩好，可以推定是教师教得好吗？有统计表明，大多数成绩好的学生，并不认可他的成绩是源自教师教得好，而认为那是他自身努力的结果。学生的习惯、性格、品德好，说明教师教得好？习惯、性格、品德最大影响因素不是教师，而是家长和家庭教育氛围。从这个角度出发，很多方面并不是教师能单方面决定的。在学生成长过程中很多方面的进步成长并不能量化。中小学某些学科教师，靠反复操练、多花时间，暂时取得了一些进步，是不是意味着他教得好？这样的成绩，对学生的终身发展到底有多大的帮助？另外的一些教师，在教学过程中注重过程与方法的引导，以及学生品德的培养，从不占用学生过多的时间，没有反复操练，如果仅仅从眼前来看，他也许教得不好，但是从长远的角度来看，他也许做得很好。

有时神化教师不如说是污名化教师，教育不是万能的，作为教育者的教师不是神，再优秀的教师，再厉害的教育专家，也不敢说自己教过的学生百分之百出类拔萃。学生到校学习，教师、大部分学生和家长愿望也是一致的，家长、教师、学生都希望有良好的表现。主观上各方都需努力，但也需要客观和环境的配合。孔子作为著名教育家，手下有弟子三千，贤人七十二。学生成绩不好，不能仅归结于教师不会教，还和学生的主观努力、家庭教育环境、学习氛围、学生的生活范围、学生的社会交际圈有关。根据美国《教师改变了我们》这本书描述的数据，学校教育对学生学科成绩的贡献率大约是 15% ～ 20%，在中国应该稍高一些。影响一个孩子学业成绩的因素太多，不可以单方面要求教师，板子打到教师身上。

要求学生做到的，教师一定要先做到

教师这个行业讲究的是“学高为师、身正为范”。“身正为范”应该是对教师的师德规范、公民素养、道德品质的要求。不知道什么时候起，“身正为范”演变成了“要求学生做到的，教师一定要先做到”。没有文献指出这句话最初是谁先说的，但是这句话在坊间流传广泛，因为有些校领导，对教师提出这样的要求。例如，要求学生不迟到、不早退、认真听课，所以要求教师，不迟到、不早退、认真备课，似乎一切都非常有道理。教师作为学生行为规范的表率，应该率先垂范。学生有学生的日常行为规范，教师有教师的师德规范和日常行为标准。以学生的规范要求教师，要求教师按照学生的规范去做合理吗？教师有他的本分，有他应该遵守的日常行为规范，但是不能把教师当作学生一样看待，不能把对学生的要求强加在教师身上。在学校中，学生、教师、领导，每一个角色都有他应该有的责任、义务和权利，混淆各方的义务和责任，对教师来说是一种歧视和侮辱。学生是在成长中的青少年，我们允许学生犯错，还允许他再犯错。但作为学校管理者来说，有几个管理者允许教师犯错，并且还允许他再次犯错？如果要求学生做到，教师一定要做到，假如你班上有一个非常优秀的学生，你可能给他提出一个目标要求让他上清华北大，但是你自己有没有上过清华北大？这里利用了归谬法，说明“要求学生做到，教师一定要先做到”的荒谬性。提出这种要求的初衷，是给学生良好的、示范的效应，营造学校的一种氛围，避免教师的一些不合适的言行影响学生。网络上有个笑话，学生在晚上12:00打电话给教师，教师说我睡了，学生说我还没休息，你怎么能休息呢？如果教师说，要求教师做到，学校领导更要先做到，那么这个学校的学生，教师、领导就会出现角色错乱、忙于做表面文章的情况。

为了学生的一切，一切为了学生

教师兢兢业业，认真教学，确实是为了学生。但是为了学生的一切、一切为了学生就有点儿苛责教师了，因为教师是一个职业，他们也有自己的人生和生活。在学校里，可以一切为了学生，为了学生的学习、安全等，学生需要的并不是特别多。但是如果有学生提出超出本分的要求，例如，他需要进行课后辅导，可以从晚上放学后，一直辅导到第二天上班，按照为了学生一切的出发点，既然学生有学习的愿望，教师应该从晚上放学一直辅导到第二天上班？否则，怎么好意思说我们为了学生的一切呢？教师上班的时间是教师身份，但是回到家中，还要有自己的生活，自己的角色，可能是丈夫或妻子，父亲或儿子，母亲或媳妇、女儿等。这些话被一些人加以夸大，最后成了对教师的道德绑架。日常生活中，要时常惦记着自己教师的身份，自己的所作所为，都要紧盯一切为了学生的原则，那么教师还会有生活吗？当然我们提倡，教师课外多做研究，但这只是提倡，而不能是硬性要求，教师也应该有他自己的生活空间。如果一个教师说他的休息是为了明天更好地工作，娱乐是为了放松紧张的心情，那么一切为了学生，就变成一句空话。

针对以上这些教育口号或者说教育名言，广大教师都想说一句："尊敬的领导和专家，请您先亲自来实践示范。"如果说没有教不好的学生，只有不会教的教师，按照这样的逻辑，是不是我们也可以说"没有管不好的学校和教师，只有不会管的校长"。不管在任何行业、任何岗位，请换位思考。有理不在声大，不能因为职位高一点儿，就说明你说的话有道理。我们需要的是对教育更深层次的思考，而不是肤浅的口号，更不是坑人的口号。这些坑人的名言，其实是传统文化跟现代社会、文化相互碰撞衍生的产物。在新时代，我们应该正确地看待教师这一行业，不盲目，不偏激，同理心即可。广大教师是讲良心的，领导们不能要挟教师，不能站在道德高处绑架教师。其实教师的作用与其说是传授知识倒不如说是知识启蒙，所以教师不是万能的，不是神，不要对教师苛责太多。

生命是什么呢？生命是时时刻刻不知如何是好。

——木心《哥伦比亚的倒影》

教师子女的成才问题

2016年06月29日《中国教育报》第4版新闻·深度栏目刊出专题文章——教师子女教育:“先得月”还是“灯下黑”?教师是从事教育行业的人员，教师子女作为一个特殊群体，教师子女的教育问题，经常被大家所关注。在网络上搜索教师子女教育，也存在着两种不同针锋相对的观点。一种观点是教师子女难以成才，另一种观点是教师子女更易成才。这种争论背后反映出的想法有：教师有没有利用自身的资源，给自己的子女额外照顾，使其更容易成才；学校教育和家庭教育的相同性和不同性，教育别的小孩，教育自己的小孩，有哪些不同；不同的社会行业群体的子女教育差异。

不同观点的论据

综合网络文章、纸质媒体和现实生活，持不同观点的文章或人士分别列出了教师子女成才容易或者困难的证据。认为教师子女难以成才一方的论据主要有以下几点：工作繁忙，很少有时间管自己孩子；教师职业圈小，限制孩子的生活圈；教师有职业病，对自己孩子过多说教；教师待遇较低，导致各方面束手束脚；教育自己的小孩和教育学生是两回事；教师的继续教育意识薄弱，示范作用有限，等等。而另一方认为教师子女容易成才的论据主要有以下几点：一般教师家庭很重视子女的教育；教师子女得到了较好的启蒙教育；教师子女看透了教师这个职业的辛酸和苦劳，有志于从自我加以改变；教师子女上学期间比其他学生拥有更多的学习资源和人脉资源；教师比大多数社会公众更了解教育心理学，教师更懂教育规律；教师的家庭教育环境比一般家庭要好，等等。

论据与观点的关联性

两种观点分别列出来多种证据或理由来支持观点，每一种观点和它列出的证据或理由有相应的关联性。但是关联性并不是决定性的，关联的比例是多少，是 1% 还是 90% ？众多文章是基于小范围的调查，或者根据身边的个案得出的结论。这样的证据有没有说服力？日常生活中会看到更多的针锋相对的观点，并且都有他们相应的证据，言之凿凿。对这种现象，需要我们自己的思考和判断。例如，上述证据中说到，教师工作繁忙，很少有时间管自己的孩子是教师子女难以成才的一种原因。但仔细想想，工作繁忙的不仅仅是教师，还有 IT 行业、科研工作、医疗工作、工人、管理人员，等等，工作也是繁忙的，陪伴自己子女的时间也较少。陪伴子女的时间长短和孩子能否成才，有多大的关联性？另外一个支持教师子女容易成才的证据说教师家庭更注重孩子的教育问题。在社会发展和现代科技越来越改变人类生活的今天，每一个家庭都重视孩子的教育，但是重视不等于有成就和有成效。家长重视与子女成才的关联度到底有多大？《成都商报》2015 年调查发现，50 位被北大、清华录取的四川籍考生中有 15 位来自教师家庭，一时间让社会公众对教师行业羡慕不已。也有调查说北大某教授称，自杀学生父母职业分布显示：教师、医护、公务员位列前三，调查76个样本中，29位教师，7位医护人员、7位公务员。这个结论让大多数教师极为震惊，也让社会公众怀疑教师的教育能力和水平。我国专任教师约1700万人、医护人员约750万人、公务员700多万人，合计约3150万左右，不到3150万家庭的子女就学时的自杀数占整体学生自杀数的56.6%，这是多么荒谬的数字；而且，如果父母双方都是教师、都是医生或都是公务员，该怎么统计？如果父母一方是教师，另一方是公务员，又该如何统计？以上的观点和论据，都不是基于科学模型调查分析得出的结论，而是基于一般的经验判断、个案分析、小范围调查得出的结论。俗话说尽信书不如无书，在没有大数据支持的前提下，小范围样本说服力明显不足。即使有大数据的支持，也只能说是大概率的事件，也并不一定会100%发生。成功有必然的因素，也有偶然的因素。“我没读过多少书，不也过得好好的。”听过或说过这句话的人一定不在少数，但是，毒鸡汤喝多了会上头！根据2009年美国统计概要（SAUS）的权威数据，不同的学历之间的差距，有着明显的区别。最低学历（高中以下）群体平均收入的五倍，才勉强赶上最高学历（博士、专业硕士）群体的平均收入，而本科学历以下的平均收入，还没有达到整体的平均收入。现在听到一个初中学历的千万富豪（靠自己努力取得）的存在，人们往往会感到十分诧异。同样如果一个博士收入不到平均数，人们也会十分诧异。受教育年限不同的群体之间的真实收入鸿沟，反映了教育对国民经济以及个体收入的重大影响。

成才的界定

各种纸质媒体或网络文章，在讨论教师子女容易成才或难以成才的时候。对象很明确，讨论的是教师的子女。但成才的标准是什么？怎么样算成才？很多基于个体的观察、小范围的调查，大多都是基于教师子女录取高校的情况。考上名牌学校，是不是意味着成才？如果以录取到清华大学和北京大学为标准的话，那么 2016 年北京市高中毕业生成才率有 0.903%，而贵州省、云南省高中毕业生成才率不到 0.036%。有人说这样的标准太严格了，放宽一下标准，以 985 高校、211 高校、一本（重点）院校或现在流行的双一流院校是否就可以说明问题？先比较横向数据，2018 年，北京市高考一本录取率为 34.13%，天津市高考一本录取率为 33.64%，云南省高考一本录取率为 7.79%，这个能代表成才率吗？再纵向比较数据，江苏省2016年高考一本录取率为12.45%，2017年高考一本录取率为12.10%，2018年高考一本录取率为25.12%。2018届高考毕业生一本录取率比是前两年的总和还多，是不是说明2018届高中毕业生素质明显好于前两届？以录取怎样的高校为标准来衡量子女是否成才，缺少有力的证据。原浙江大学党委副书记郑强指出，录取高校层次高，只能说明在此阶段领先别人，不代表大学毕业后，更不代表将来仍领先别人。

1982年我国确立的人才标准为“具有中专以上学历和初级以上职称的人员”，在当时历史条件下，此人才标准从根本上扭转了十年“文革”践踏知识、鄙视教育的严峻局面。如今这个具有历史意义的标准早已经成为过去，不再单一地唯文凭和职称论了，对人才的标准有了更多的内涵。一般认为人才的标准应该包括三个要素：一是知识要素，即受教育的程度；二是能力要素，即经历；三是业绩要素，即所作的贡献。目前，大学生找工作时，一般缺少工作经历和业绩，无法显示出能力和贡献，学历还是作为首要条件；但是学历并不代表已经成为人才，技术工人中的一些高级技师，虽然受教育程度不高，但一样可以成为人才。大多数情况下，成为人才应该符合上述三个要素。把录取到怎样的高校，接受怎样层次的高等教育，作为判断是不是成才，不符合新时代人才标准的要求。

教师要关注子女发展

教师从事的是育人的工作。教师要在工作中教育好别人的孩子，也要关注自己的子女发展。有教师资格证，才有资格从事教育行业担任教师。作为父母，从来没有家长资格证的考试，这对所有教师和其他所有人来说都是考验。不妨对上述关于教师子女难以成才的证据或原因进行反向思考。例如，工作繁忙，很少有时间管自己孩子，教师寒暑假应该有一些时间陪伴孩子，每个学年的教育教学任务是不一样的，工作量不重的时候，多陪伴自己的孩子，特别是孩子升学关键时期。必要的时候，教师征得学校同意的前提下，减少一些工作量，多一些时间陪伴孩子。再如，教师在家庭中的示范作用。有些教师参加继续教育的意识薄弱，知识水平和教育能力没有随着教龄增长而增加，在家庭中，不看书、不学习，对孩子积极的示范作用有限，教育孩子方法生硬，说教过多。教师要重视学术水平的发展，不断参加继续教育，多学习，在孩子面前身份不再是教师，而是家长，最好是孩子的朋友。针对孩子的个性，恰当使用教育方法，对孩子的目标有层次、有发展性，在家庭中，在孩子面前，表现出积极的示范引领作用。教师要丰富自己的业余生活，扩大社交圈，带着孩子走出校园，走出家庭，走向社会，开拓视野，培养孩子的想象能力、观察能力和合作能力，等等。日本作家三浦展的《阶层是会遗传的》中指出，害怕从事高风险职业的家长都是希望孩子能稳定就业，这种职业心态会对自己孩子产生很大的影响。这可用来描述目前中国教师的职业心理。当一个教师缺乏挑战、创新和冒险等意识的时候，他在学校教育的学生，在家庭中教育的子女，可能也会缺乏冒险、挑战和尝试的勇气。教师如果希望自己的生活有所改变，社会地位有所提高，专业素质得到提升，还需要从自身努力开始。父母是孩子最好的教师，以自己的兢兢业业、勇于创新等优秀品质，培养引导自己小孩的个性发展。

教师子女在求学阶段可能会比其他阶层的子女，在学业成绩方面稍占优势，但这仅仅能说明在人生发展的一个阶段暂时领先。无数事实证明，高考不能决定一个人的一生，人生的道路漫长，获得成功的方法有千万种。不管是不是教师子女，实现人生价值，为国家和民族作出自己的贡献，真正成为社会的有用人才，关键在于自身是否去奋力拼搏，是否能去持之以恒地努力，是否去创新，是否去挑战。

世界上只有一种英雄主义，就是看清生活的真相之后依然热爱生活。

——罗曼·罗兰《米开朗琪罗传》

教师视野中的家长角色

有一个笑话：世界上有三种鸟，一种是笨鸟先飞；一种是嫌累不飞；第三种鸟最讨厌，自己不飞，就在窝里下个蛋，要下一代使劲飞。这里所说的鸟，实际上可以指某些家长。担任教师的角色需要一定的资格，一般需要获得大专以上学历，并获得教师资格证书。而家长是个神奇的角色，家长的形成，与人类的社会属性关系不大。但人类在子女的抚养、教育等方面还是承担一定的社会属性的责任。中国式家长的称号，从小孩出生开始，一直到子女成家，大约才可以摘掉家长的称号。家家有本难念的经，清官难断家务事等往往是形容家庭多样性的。我们经常聆听各种成功孩子的优异表现，观摩优秀家长的经验介绍，回家一实施，基本以失败告终。我们听到的、看到的只是一些表面的行动、方案、措施，不能适合自己的小孩，不能做到因材施教。只是看过、听过，从来没有认真地想过，深刻地想过，看过、听过越多，家长的挫折感越大。

家长的规划很重要

在许多家长眼中，优秀的孩子往往是别人家的孩子，大多数家长经常为孩子的教育发愁。教师往往同时也是家长，教师虽然在教育生涯中会接触很多形形色色的学生，也会经常为孩子、学生的教育发愁，教师尝试过各种不同的办法，只有少部分是成功的，大部分教育方法是不成功的。教师或家长的失败并不意味着孩子无药可救，而是指没有达成教育者期待的结果。家长对孩子的规划，是高要求还是低要求，是长期规划还是短期规划，是智力目标还是全面目标，都是值得思考的。虎爸虎妈的出现，一度吸引了众人的目光，但是能够模仿成功者寥寥，一者，虎爸虎妈实施教育比较早，在孩子幼年就形成了教育威信，迫切需要知道如何教育孩子的家长，往往是在孩子的发展偏离了自己的指引以后，才觉得要去学习别人的家庭教育方式，已为时过晚；二者，虎爸虎妈有自己的一套想法和思路，在孩子幼小时已经开始实施，并不断调整，他们一般都比较自信，相信自己。至于虎子虎女的后续发展，没有跟进的报道，只能说明他们的教育已达到他们设定的阶段目标了。

有一篇文章《为什么只有穷人才自由恋爱？》，其中观点和中国很多传统戏曲的情节惊人一致，穷人的恋爱如《牛郎与织女》《天仙配》等，穷人爱情故事基本以喜剧结尾。但非穷人更多是讲究门当户对，如《文成公主》《梁山伯与祝英台》《长恨歌》《孔雀东南飞》基本是悲剧结果，爱情往往是家长规划孩子一生成长的重要一环，爱情变成了巩固既有社会阶层秩序的工具。美国的政客或商人的子女往往学的是法律或商学，规划目标是成为政客或商人，很少有成为科学家的，一方面可能是智商不够，另一方面也是家长的规划结果。

有一本书叫《阶层是会遗传的》，主要内容是基于一个社会问卷调查的数据分析。分析了父亲与母亲的职业、收入、学历、文化素养等因素与孩子的成绩的关联性。中国的家长往往缺少长期的规划，注重短期目标。表面上是家长为小孩提供了最好的条件，上最好的幼儿园、最好的小学、最好的初中、最好的高中，等等。这其中大部分小孩都不能按照家长的愿望发展。小孩的个性是怎样的？适合怎样的学习氛围，很多家长都从来不考虑。小孩的个性如何，适合怎样的职业，考虑的家长就更少了。以至于高考填报志愿的时候，很多家长懂得比孩子还少。

家长的示范很关键

相信每一位家长在小孩小时候，都会教育小孩要诚实。但是孩子在上小学时候，就会听到家长的谎言，如对孩子找借口、对同事找理由、对领导找原因等现象。作为一个成人，说没有撒过谎，几乎是不可能的。有时候，子女也能识破家长的谎言。如何解决？还有的家长管控子女，不让其用手机等电子产品，而家长双双在孩子面前玩手机，叫孩子认真写作业，如何能控制住孩子对手机的探索欲望？有的家长教育孩子，父母没有好好读书，现在只能卖苦力，所以孩子要好好读书。殊不知，孩子会想卖苦力有啥不好，回家就可以玩手机了，反而当初好好读书的教师，现在还要回家备课的，还不如自己的家长舒适。没有示范的教育要取得成功比较难。要知道，在学校，教师引领、优秀学生示范、学校规定，在这样强大的磁场氛围下，仍有一部分孩子不能端正学习态度的，何况在家中。有些家长常常以处社会的办法来对待学校，如小孩犯了错误被学校处分，就跑到学校去吵；以自己的官职通过领导来施压力给教师，等等。一些家长不合适的言行会直接、间接传给小孩。不管家长的学历、职业，家庭状态如何，一个良好的示范都是必须的。良好的示范包括孝敬长辈、尊重别人、敬业爱岗、文明礼仪、诚信友善等。在孩子面前多传递正能量，也要分析负面事件，做到不逃避。

家校协同教育

现在经常讲“家校合力”，是怎样的合力呢？在小孩上学期间，家长经常会给学校和教师贴标签；实际上，教师或学校不光给学生评价（评语），也会给家长评价，只不过没有颁发《优秀家长证书》《合格家长证书》《不合格家长证书》而已。很多时候双方都有话要说，但彼此都不说而已。那怎样协同才能形成合力？

出力与出智。大部分家长还是很支持学校的一些工作的，例如参与学校的捐款活动、集体活动等，许多家长积极贡献，如出借设备、参与维护、参加家长委员会等，为学校或班级贡献财力、劳力，还有的会帮助学校解决一些和政府部门打交道的公务，减轻了学校的事务负担。但最重要的是贡献家长的智力，一些家长是各个行业的专业人士，例如大学教师，心理学、教育学、管理学、健康管理、理财等方面的专业人士，可以为学生或教师提供多方面的指导，不仅可以加强与学校的联系，更能使自己的小孩在学校成为“明星人物”，增加学生的曝光度，增强小孩的自豪感，从侧面鞭策小孩“虎父无犬子”的意识，激励其上进。

体谅与举报。学校工作特别是班主任的班级管理中，往往出现一些具有争议的举措，家长会怎样处理？大部分家长基于教师良善的出发点，给予理解和支持。也有一些采取过激的举措，如向上级举报。如果查实确实为教师之错，教师受到处分，家长会得到什么？最佳的办法莫过于先沟通再逐级反映，这是抱着解决问题的心态去处理问题、处理事件的，而不是抱着针对某人的态度直接报复性举报。当然，教师在处理与学生、家长事务的时候，也要充分当心，留有证据，要保护好自己。

监督与补台。家长与学校在孩子上学期间实际是一种合作并带有互相监督性质的关系，双方的目标一致是为了学生（子女）更好地成长。家长能从孩子的言语和行为中了解或观察班级或学校的动态，了解教师的教学情况，这实际上是对学校、教师的一种监督。对于学校，特别是班级中一些事务，家长不仅起着监督的作用，也要发挥补台的作用。及时与当事人沟通，指出问题或给出建议，真正抱着合作的态度，形成合力。

教会孩子思考很有必要

俗话说，父母是孩子的第一任教师。那么，第一任教师教了什么？父母教了孩子的部分生活自理能力、运动能力、探究能力、文明礼貌等。在孩子成长过程中，身体健康无虞的条件下，学习成为家长最为关心的事。孩子小时常常成为家长向别人炫耀的资本，如记得多少古诗，会讲多少故事，能认得多少汉字、英语单词，等等，这些都与学习能力中的记忆力有关，并不能成为影响孩子发展的决定因素。学生在校学习期间，会学习很多学科知识，这些学科知识只是用来培养某些素养、能力的载体，也许对以后的工作没有任何价值，所以在知识学习之外，学校教育对能力与方法、情感等培养也非常重视。其中学会思考很重要，学习不是生搬硬套，不是固定模式的迁移应用。提高思维的质量不仅需要学校的教育，更重要的是家庭教育。当前，家长辅导孩子写作业被公认为是造成家庭不和谐的三大因素之一。随着小孩上学年级提高，家长逐渐从全能变成不能。在小学和初中更多的是知识教学为主，更多时候需要小孩去查阅资料，不需要主动告知。即使作为中小学教师也不能全面应付中小学生的各科作业问题。有一位高中化学教师曾经说，他的小孩在高中，这位教师不会主动去教授知识，只是被动回答小孩的化学问题，但他的小孩除了问一些化学的问题之外，还会问一些语文、数学、英语、物理、生物、地理等学科的问题，这位教师说有时候他也无法接招，何况我们更多的非教育行业的家长呢？家长不需要教授小孩学科知识，要做的是教一些做人的道理，一些问题的分析与思考方法。如什么场合用“男子汉大丈夫宁死不屈”；而什么场合又可用“男子汉大丈夫能屈能伸”呢？在子女选择学校、专业的时候，是不是又在想瘦死的骆驼比马大，还是落坡凤凰不如鸡！很多事件充满了两面性甚至多面性，在教会孩子思考之前，家长和教师要有足够的思维能力，了解一些思维方式，丰富和完善自己的思维品质。任何学科都不能完全担负起培养学生各方面思维方式和能力的重任，需要各学科教学、德育教育、家庭教育一起努力，形成合力，培养肯动脑筋、会思考的学生（子女）。“若言琴上有琴声，放在匣中何不鸣？若言声在指头上，何不于君指上听？”要更好发挥作用，需要做好教育内外部的关系，做好各要素的衔接、协调、配合。